LES
MOHICANS
DE PARIS

PAR

ALEXANDRE DUMAS

8

PARIS
ALEXANDRE CADOT, ÉDITEUR
37, rue Serpente

1855

LES MOHICANS DE PARIS

Ouvrages du marquis de Foudras.

Un Drame en famille	5 vol.
Un Grand Comédien	3 vol.
Le Chevalier d'Estagnol	6 vol.
Diane et Vénus	4 vol.
Jacques de Brancion	5 vol.
Madame de Miremont	2 vol.
Lord Algernon	4 vol.
La comtesse Alvinzi	2 vol.
Un Capitaine du Beauvoisis	4 vol.
Madeleine repentante	4 vol.
Le Capitaine Lacurée	4 vol.
Les Gentilshommes chasseurs	2 vol.
Suzanne d'Estouville (format Charpentier)	2 vol.
Tristan de Beauregard (idem)	1 vol.
Un Caprice de grande dame (idem)	3 vol.
Un amour de vieillard	3 vol.
Les veillées de Saint-Hubert	2 vol.

Sous presse :

Le dernier roué	5 vol.

Ouvrages de Xavier de Montépin.

Confessions (les) d'un Bohême	5 vol.
Vicomte (le) Raphaël	5 vol.
Les Oiseaux de nuit	3 vol.
Les Chevaliers du lansquenet	10 vol.
Les Viveurs d'autrefois	4 vol.
Le Loup Noir	2 vol.
Un Brelan de dames	4 vol.
Les Valets de cœur	3 vol.
Un Gentilhomme de grand chemin	5 vol.
Les Amours d'un fou	4 vol.

LES

MOHICANS

DE PARIS

PAR

ALEXANDRE DUMAS

8

PARIS
ALEXANDRE CADOT, ÉDITEUR
37, rue Serpente.

1855
1854

I

Les Valgeneuse

On descendit au salon.

Le salon donnait sur la cour de récréation, comme avait dit madame Desmarets, et toutes les petites filles profitaient d'un rayon de soleil, si pâle qu'il fût, pour épanouir leur frais bouquet dans la cour.

Une jeune fille plus grande que les autres se promenait à l'écart.

A travers les vitres de la porte donnant sur le perron, M. Jackal embrassa le tableau d'un coup d'œil.

La promeneuse solitaire attira son regard.

— N'est-ce point mademoiselle Suzanne que j'aperçois là-bas sous cette allée de tilleuls?

— Oui, monsieur, répondit madame Desmarets.

— Eh bien, madame, ayez la bonté de lui faire signe de venir.

— Je ne sais pas si elle viendra.

— Comment, vous ne savez pas si elle viendra ?

— Non.

— Et pourquoi ne viendrait-elle pas ?

— Suzanne est très fière.

— Faites-lui toujours signe, madame, et si elle ne vient pas, je l'irai chercher, moi.

Madame Desmarets sortit sur le perron, et fit de la main signe à Suzanne de venir.

Suzanne ne parut pas la voir.

— Elle n'est peut-être pas sourde, si elle est aveugle, dit M. Jackal; appelez-la.

— Suzanne ! cria madame Desmarets.

La jeune fille se retourna.

— Ayez la bonté de venir, mon enfant,

dit la maîtresse de pension, on vous demande.

Mademoiselle Suzanne s'approcha, mais lentement, et d'un air fort dédaigneux.

M. Jackal et Salvator eurent donc tout le temps de l'examiner à travers l'ouverture du rideau.

Quant à Justin, il la connaissait.

— C'est singulier, dit Salvator, cette figure ne me semble pas tout à fait inconnue.

— Qu'en dites-vous ? demanda M. Jackal, qui, par-dessus ses lunettes, avait regardé avec non moins d'attention que Salvator.

— Je mettrais ma main au feu que cette petite fille est une méchante créature.

— Je ne mettrais pas ma main au feu, dit M. Jackal, parce qu'il est toujours imprudent de mettre sa main au feu, mais je n'en suis pas moins de votre avis. La bouche est serrée, l'œil beau, mais fixe et dur; en somme, voyez dans ce moment-ci, où elle est inquiète, la mauvaise expression qu'a prise sa physionomie.

Pendant ce temps, Suzanne montait les

marches du perron, et arrivait devant madame Desmarets.

— Vous m'avez fait l'honneur de m'appeler, madame, dit la jeune fille d'un ton qui donnait à ses paroles cette signification : Je crois, madame, que vous vous êtes permis de m'appeler.

— Oui, mon enfant, car il y a ici une personne qui désire vous parler, répondit madame Desmarets.

Suzanne passa devant madame Desmarets, et entra dans le salon.

En apercevant Justin accompagné de

deux inconnus, elle ne put réprimer un léger tressaillement, mais son visage resta impassible.

— Mon enfant, dit madame Desmarets, visiblement embarrassée de la colère qu'elle voyait briller dans l'œil noir de sa pensionnaire, c'est monsieur qui a quelques questions à vous adresser.

Et elle désignait M. Jackal.

— Des questions, à moi? fit dédaigneusement la jeune fille; mais je ne connais pas monsieur.

— Monsieur, dit vivement madame

Desmarets, est un représentant de l'autorité.

— Un représentant de l'autorité, dit Suzanne; et qu'ai-je à faire avec l'autorité, moi?

— Calmez-vous, ma chère Suzanne, dit madame Desmarets, il s'agit de Mina.

— Eh bien, après?

M. Jackal crut qu'il était temps de se mêler à la conversation.

— Après, mademoisellle? Eh bien,

après, nous désirons avoir quelques renseignements sur mademoiselle Mina.

— Sur mademoiselle Mina ? Je ne puis, monsieur, vous donner sur elle que les renseignements que pourrait vous donner monsieur — et elle désignait Justin — c'est-à-dire qu'il l'a trouvée un soir dans un champ de blé, qu'il l'a emmenée chez lui, et qu'il était sur le point de l'épouser, quand il est arrivé de Rouen je ne sais quelles nouvelles d'un père inconnu qui ont empêché le mariage.

M. Jackal écoutait et regardait cette créature, qui lui paraissait d'avance dévouée à toutes les mauvaises passions de la vie, avec cette curiosité qui faisait, à chaque parole prononcée par elle, un pas sur le chemin de l'admiration :

— Non, mademoiselle, dit M. Jackal ; ce n'est point là-dessus que nous désirons des détails, c'est sur autre chose.

— Si c'est sur autre chose, monsieur, interrogez mademoiselle Mina elle-même, car je viens de vous dire tout ce que j'en sais.

— Nous ne pouvons malheureusement pas, mademoiselle, suivre votre conseil, si bon qu'il paraisse au premier abord.

— Et pourquoi cela, monsieur? demanda Suzanne.

— Parce que mademoiselle Mina a été enlevée cette nuit.

— Ah! vraiment! pauvre Mina! dit la jeune fille d'un ton railleur qui fit jeter un cri de colère à Justin et froncer le sourcil à Salvator.

M. Jackal, que cette façon de répondre agaçait visiblement, fit néanmoins aux deux jeunes gens signe de se taire.

— Et, continua-t-il, parce que j'ai

pensé que vous, son amie intime, mademoiselle, vous pourriez nous donner quelques renseignements sur sa disparition.

— Vous vous trompiez, monsieur, répondit la jeune fille, et je n'ai rien à vous dire sur la disparition de mon amie intime, attendu que j'ignorais tout à l'heure la disparition elle-même.

— Songez, mademoiselle, dit Salvator, au désespoir dans lequel cet enlèvement plonge un fiancé, une mère et une sœur qui s'étaient habituées à regarder mademoiselle Mina comme leur fille et comme leur sœur.

— Je comprends le désespoir de monsieur et j'y compatis de toute mon âme, ainsi qu'à celui de sa famille ; mais que voulez-vous que j'y fasse? J'ai quitté hier mademoiselle Mina à huit heures et demie, c'est-à-dire au moment où elle est rentrée dans sa chambre, et je ne l'ai pas revue depuis. Maintenant, ayez la bonté de me dire, messieurs, si c'est là tout ce que vous avez à me demander.

— Ce ton hautain sied mal à une jeune fille de votre âge, mademoiselle, dit sévèrement M. Jackal, en ouvrant sa redingote et en montrant un bout d'écharpe, surtout lorsque cette jeune fille se trouve en présence d'un homme qui représente la loi.

— Que ne disiez-vous tout de suite que vous étiez commissaire de police, monsieur? dit Suzanne avec une admirable insolence, on vous eût répondu avec tous les égards que l'on doit à un commissaire de police.

— Abrégeons, mademoiselle, dit M. Jackal. Votre nom, vos qualités, votre état dans le monde?

— Alors, c'est un interrogatoire? demanda la jeune fille.

— Oui, mademoiselle.

— Mon nom, dit-elle, je me nomme

Suzanne de Valgeneuse ; mes qualités, je suis fille de M. le marquis Denis-René de Valgeneuse, pair de France, nièce de M. Louis-Clément de Valgeneuse, cardinal en cour de Rome, et sœur du comte Lorédan de Valgeneuse, lieutenant aux gardes ; mon état, je suis héritière d'un demi-million de rentes. Voilà, monsieur, mon état, mes noms et mes qualités.

Cette réponse, faite avec un dédain tout royal, produisit un effet différent sur les trois hommes qui l'écoutaient, effet que ne remarqua point madame Desmarets, tout abasourdie de ce qui lui arrivait.

Justin frisonna, comprenant son impuissance, à lui pauvre maître d'école inconnu, perdu dans le quartier Saint-Jacques, contre cette haute et aristocratique famille à laquelle il venait se heurter.

— Suzanne de Valgeneuse! fit Salvator, avançant d'un pas et regardant la jeune fille d'un œil moitié curieux, moitié menaçant.

— Mademoiselle Suzanne de Valgeneuse! répéta M. Jackal, en reculant comme eût pu faire un homme qui s'aperçoit qu'il va marcher sur un serpent.

Puis, boutonnant lentement sa redingote, il parut réfléchir un instant.

Le résultat de sa réflexion fut qu'il ôta respectueusement son chapeau, et, de l'air le plus poli qu'il put prendre :

— Pardon, mademoiselle, dit-il, mais j'ignorais...

— Oui, je comprends, monsieur, que je fusse la fille de mon père, la nièce de mon oncle, la sœur de mon frère. Eh bien, vous le savez maintenant, ne l'oubliez pas.

— Mademoiselle, fit M. Jackal, je regrette vivement d'avoir pu vous déplaire. N'accusez, je vous prie, de ma persistance, que les tristes devoirs que mes fonctions me forcent à remplir.

— C'est bien, monsieur, répondit sèchement Suzanne ; est-ce tout ce que vous aviez à me demander ?

— Oui, mademoiselle ; mais laissez-moi vous répéter que je suis au désespoir de vous avoir offensée, et laissez-moi espérer que vous ne me garderez pas rancune du sot métier que la justice me force à faire.

— Je tâcherai de vous oublier, monsieur, dit-elle en se retirant.

Et, sans saluer personne, elle sortit du salon, non plus pour rentrer dans le jardin, mais pour remonter dans sa chambre.

M. Jackal, qui se trouvait sur son passage, recula d'un pas et s'inclina profondément.

Justin mourait d'envie d'étouffer Suzanne, car, plus que jamais, il lui paraissait visible que mademoiselle Suzanne de Valgeneuse avait trempé dans l'enlèvement de sa fiancée.

Salvator s'approcha de lui et lui prit la main.

— Taisez-vous, dit-il, pas un mouvement, pas un geste.

— Mais tout est perdu ! lui dit Justin.

— Rien n'est perdu, tant que je vous dirai : Espérez, Justin ! Je connais ces Valgeneuse, et, je vous le dis, rien n'est perdu. Seulement, n'oubliez pas ce nom de Gibassier.

Puis, se retournant vers M. Jackal.

— Je crois que nous n'avons rien à faire ici, n'est-ce pas, monsieur ? lui demanda-t-il.

— En effet, répondit M. Jackal, assez embarrassé et en fixant ses lunettes à la hauteur de ses yeux ; en effet, je crois que nous n'apprendrions rien de plus que ce que nous savons.

— Oui, dit Salvator, et nous en savons assez.

M. Jackal fit semblant de ne pas entendre, et, s'approchant de la maîtresse de pension, tout étourdie de la tournure qu'avait prise l'affaire :

— Madame, lui dit-il, j'ai l'honneur de vous saluer bien respectueusement.

Puis, tout bas :

— Répétez bien, dit-il, à mademoiselle de Valgeneuse, que j'ai été contraint à faire ce que j'ai fait, et que je la supplie de regarder ma visite comme non avenue. Vous entendez bien ?

— Comme non avenue, je vous entends, oui, monsieur.

Et, saluant une seconde fois madame Desmarets, il sortit, en faisant signe à Justin et à Salvator de le suivre.

Salvator, comme on l'a vu, dans l'espérance sans doute d'arriver, en dehors de M. Jackal, à réunir Justin à Mina, paraissait avoir pris son parti de la métamorphose de l'homme de police ; mais il n'en était pas de même de Justin, qui, un instant, d'après les paroles même de M. Jackal, s'était vu sur la trace de sa pauvre enlevée.

Aussi, à la porte de la rue :

— Pardon, monsieur Jackal, dit-il.

— Qu'y a-t-il pour votre service, monsieur Justin ? demanda l'homme de police.

— Mais il me semblait qu'après avoir

dit : Cherchez la femme, vous nous aviez dit : Nous tenons la femme, et que vous aviez ajouté : cette femme est mademoiselle Suzanne.

— Ai-je dit cela, monsieur? demanda l'homme de police d'un air étonné.

— Vous l'avez dit, monsieur, et je ne fais que répéter vos propres paroles.

— Monsieur Justin, vous devez vous tromper.

— J'en appelle à M. Salvator.

M. Jackal jeta sur Salvator un regard qui voulait dire :

— Vous qui me comprenez, tirez-moi d'embarras.

Salvator, en effet, comprenait M. Jackal, mais sans l'excuser ; il fut donc impitoyable.

— Ma foi, dit-il, mon cher monsieur Jackal, je dois avouer que, si ma mémoire est exacte, vous nous avez dit, à une syllabe près, ce que vient de vous répéter monsieur Justin ; c'est-à-dire que mademoiselle Suzanne était complice de l'enlèvement.

— Peuh ! peuh ! peuh ! fit M. Jackal en allongeant les lèvres; on a toujours tort de dire de ces choses-là avant qu'elles soient prouvées. Complice ! si j'ai dit que la jeune fille était complice, j'ai eu tort.

— Mais c'était vous qui l'accusiez, monsieur, s'écria Justin ; mais rappelez-vous donc ce que vous disiez d'elle dans la chambre de la pauvre Mina !

— Accusée n'est pas le mot; soupçonnée peut-être, et tout au plus, encore.

— Ainsi, vous ne la soupçonnez même plus, alors?

— C'est-à-dire que j'en suis à mille lieues de la soupçonner. Pauvre innocente! Dieu m'en garde!

— Et ces lèvres pincées, dit Salvator, cet œil dur, cette physionomie méchante.

— Je l'avais vue ainsi à distance, mais de près, tout a changé; la lèvre est gracieuse, l'œil fier, la physionomie digne et élevée.

Puis, comme Justin ne paraissait point se contenter de cette apologie qui, après la première opinion émise par M. Jackal sur mademoiselle de Valgeneuse, pouvait paraître au moins extraordinaire :

— Venez me voir, monsieur Justin, dit-il en se réfugiant dans sa voiture ; venez me voir à la Préfecture, d'aujourd'hui en huit, tenez, si vous voulez ; j'aurai probablement quelque bonne nouvelle à vous donner. Dès ce soir, en arrivant, je vais mettre tout mon monde en campagne.

— Retournez chez vous, Justin, dit Salvator, en serrant cordialement la main du pauvre maître d'école, et avant vingt-quatre heures, moi, je me charge de vous dire ce que vous avez à craindre ou à espérer.

Puis, comme M. Jackal refermait la portière de la voiture :

— Eh bien, monsieur Jackal, que faites-vous donc? dit Salvator; vous m'avez amené, il faut me remmener.

D'ailleurs, ajouta-t-il en prenant sa place près de M. Jackal et en tirant la portière après lui, j'ai à causer avec vous des Valgeneuse.

— A Paris! dit M. Jackal, qui eût visiblement préféré faire la route seul.

La voiture partit au grand trot.

Quant à Justin, il revint au pas, triste et morne, et ne comptant que bien faiblement sur la promesse de Salvator.

II

Où le lecteur est prié de ne pas sauter une
seule ligne.

M. Jackal s'était blotti dans un coin de la voiture; Salvator s'était établi dans l'autre.

La voiture roulait rapidement.

Salvator, malgré les paroles dites par lui

en montant dans la voiture, paraissait décidé à ne pas rompre les réflexions de M. Jackal.

Seulement, on eût dit qu'il le couvait de l'œil.

Cet œil railleur, presque méprisant, M. Jackal le rencontrait toutes les fois qu'il levait les yeux.

Enfin arriva un moment où l'explication qu'avait paru lui demander Salvator lui sembla moins embarrassante que ce silence.

Après avoir alternativement levé et

baissé ses lunettes, après avoir pris avec une énergie croissante deux ou trois prises de tabac, il se décida à interpeller Salvator.

— Ne m'avez-vous pas dit, mon cher monsieur Salvator, demanda-t-il, que vous aviez à me parler des Valgeneuse?

— J'avais à vous demander, cher monsieur Jackal, ce qui avait pu si rapidement vous faire changer d'opinion à l'endroit de cette petite... faut-il dire le mot, monsieur Jackal?

— Chut! nous ne sommes que nous deux, — vous êtes un homme intelligent, vous, pas amoureux...

— Qui vous dit cela ?

— Pas amoureux d'une fille enlevée, au moins, de sorte que vous n'avez pas la tête perdue, et que vous pouvez comprendre...

— Aussi, j'ai compris parfaitement.

— Qu'avez-vous compris ?

— Que vous aviez peur, cher monsieur Jackal.

— Je vous en réponds, dit l'homme de police, qui avait au moins le courage de sa lâcheté; c'est-à-dire que lorsque cette jeune fille a prononcé son nom, il m'a passé un frisson dans les veines.

— Monsieur Jackal, je croyais que le premier article du code était celui-ci : Tous les Français sont égaux devant la loi.

— Cher monsieur Salvator, on met de ces articles-là dans tous les codes, comme on met en tête des ordonnances royales : Charles par la grâce de Dieu. Louis XVI aussi usait de cette formule, et on lui a coupé le cou.

Et où voyez-vous la grâce de Dieu, continua M. Jackal, dans ce qui se passait sur la place de la Révolution le 21 janvier 1793, à quatre heures de l'après-midi ?

— De sorte que d'avance, et pour avoir accusé d'un rapt dont vous savez parfaitement qu'elle est complice, une jeune fille que vous-même croyez capable de commettre un jour quelque grand crime, vous vous voyez déjà destitué, incarcéré, et qui sait? peut-être étranglé dans une prison, comme Pichegru ou Toussaint Louverture.

— Ne plaisantez pas, monsieur Salvator, sur ma parole d'honneur, j'ai pensé à tout ce que vous dites.

— Ce sont donc des gens bien puissants, que ces Valgeneuse ?

— Eh ! monsieur, il y a d'abord le marquis, qui a l'oreille du roi ; puis le cardinal, qui a l'oreille du pape ; puis le lieutenant...

— Qui a l'oreille du diable, dit Salvator, ah! je conçois; puis tout cela n'est-il point affilié à je ne sais quelle société...

M. Jackal regarda Salvator.

— Eh! oui, continua le jeune homme, enfin le marquis n'est-il pas un des protecteurs de Saint-Acheul, et à la dernière procession, n'a-t-il pas porté un des glands du dais ?

M. Jackal hocha la tête de haut en bas.

— Que c'est étrange, dit Salvator, moi qui croyais que les jésuites étaient une vision du *Constitutionnel*.

— Ah! ouiche! fit M. Jackal, du ton d'un homme qui dirait : pauvre enfant, que vous êtes naïf!

— De sorte que vous croyez, cher monsieur Jackal, qu'il y aurait risque à se frotter à ces gens-là?

— Vous connaissez la fable du pot de terre et du pot de fer?

— Oui.

— Eh bien, faites-en l'application.

— Mais, demanda Salvator, le chef de la famille, mort il y a cinq ou six ans, n'avait donc pas d'enfants, que toute la fortune est passée à son frère ?

— C'est-à-dire, répondit M. Jackal, qu'il n'avait jamais été marié.

— Ah ! oui, c'est cela ; n'y a-t-il pas une histoire d'enfant naturel, de fils, qui devait être reconnu ou adopté, mais qui ne l'a pas été ?

M. Jackal regarda Salvator de côté.

— Comment savez-vous cela? demanda-t-il.

— Dame, dans notre état, reprit Salvator, pour peu que l'on soit observateur, on sait bien des choses. J'ai porté des lettres d'une belle dame, à un certain Conrad de Valgeneuse, qui demeurait rue du Bac, par ma foi, dans l'hôtel même qu'habite aujourd'hui le marquis.

— C'est cela, c'est cela, dit M. Jackal.

— C'est une histoire fort obscure, n'est-ce pas?

— Pas pour tout le monde, fit M. Jackal, d'un air profondément satisfait de lui.

— Je comprends, dit en riant Salvator ; pas pour ceux *qui ont trouvé la femme.*

— Eh bien, non, dit l'homme de police, par extraordinaire, il n'y avait point de femme dans toute cette affaire-là.

— Qu'y avait-il donc? Vous savez, cher monsieur Jackal, lorsqu'on a connu un homme, beau, jeune, riche, et que ce jeune homme a disparu tout à coup, on n'est point fâché de savoir ce qu'il est devenu.

— C'est trop juste, d'autant plus que je

puis vous dire tout, ou à peu près tout.

— Voilà un *à peu près* qui ressemble fort à une restriction mentale, cher monsieur Jackal, auriez-vous par hasard, vous aussi, tenu un gland du dais à cette fameuse procession de Saint-Acheul?

— Oh! pardieu, non, s'écria M. Jackal, j'ai peur des jésuites, je les protége, à charge de revanche, je leur obéis même parfois, mais je ne les aime pas; je vous ai dit *à peu près*, parce que dans notre état on ne peut pas toujours dire tout ce qu'on sait.

— Et puis, parfois non plus, on ne sait

pas toujours tout, reprit Salvator, en riant de ce rire narquois qui lui était particulier.

— Eh bien, écoutez, fit M. Jackal, en regardant Salvator par-dessus ses lunettes, je vais vous dire ce que je sais; ensuite, vous me direz ce que je ne sais pas.

— C'est marché fait.

— Voilà : la clé de la famille, le marquis Charles-Emmanuel de Valgeneuse, pair de France et propriétaire d'une fortune immense, qu'il avait héritée d'un oncle maternel, n'avait jamais voulu se marier, et l'on faisait honneur de ce goût de M. Emmanuel de Valgeneuse pour le célibat, à un beau jeune homme qui s'appelait M. Conrad tout court, et que peu à peu les familiers de la maison, puis les amis du marquis, puis enfin les étrangers, finirent par appeler M. Conrad de Valgeneuse.

— N'était-ce pas son nom ?

— Pas tout à fait ; le beau jeune homme était un enfant de l'amour, un péché de jeunesse du marquis, lequel ne voyait que par les yeux de M. Conrad.

— Mais comment, aimant le jeune homme

à ce point-là, cher monsieur Jackal, demanda Salvator, toute la fortune du marquis est-elle passée au frère, au neveu, à la nièce, tandis que le beau jeune homme est mort, m'a-t-on dit, dans la misère?

— Eh bien, cela tient justement à ce que son père l'aimait trop. Vous savez, il y a un proverbe qui dit : L'excès en tout est un défaut.

— Oui, en effet, il m'a semblé que le pauvre marquis, qui est mort subitement, n'est-ce pas, demanda Salvator, aimait beaucoup ce jeune homme.

M. Jackal regarda cette fois Salvator par-dessous ses lunettes.

— Il l'aimait tant, mon cher monsieur, reprit-il, que, comme je vous le disais, ce trop grand amour fut cause de la ruine du jeune Conrad.

— Expliquez-moi cela.

— Il y a deux manières de procéder vis-à-vis d'un enfant naturel : la première qui est la plus simple et qui est à la portée de tout le monde, est de déclarer à la mairie qu'on est le père de l'enfant, au moment où on l'y fait enregistrer, ou bien, si quelque raison vous a fait négliger cette formalité, de la remplacer par un acte de reconnaissance par-devant notaire ; seulement, dans ce cas-là, tout en lui laissant son nom, on ne peut lui laisser que le cinquième de sa fortune.

La seconde est d'attendre que l'on ait cinquante ans, et le jour où l'on a cinquante ans, de faire venir un notaire et d'adopter l'enfant; la loi ne permettant pas que l'adoption puisse avoir lieu avant cet âge; alors vous pouvez non seulement donner votre nom à votre enfant adoptif, mais encore toute votre fortune.

Ce fut donc la marche que suivit M. de Valgeneuse.

Le jour même où il eut atteint sa cinquantième année, il fit venir un notaire, s'enferma avec lui dans son cabinet, dressa l'acte d'adoption ; mais au moment où il prenait la plume pour le signer, la fatalité voulut que le marquis Emmanuel fut frappé d'une apoplexie foudroyante.

— Au moment où il prenait la plume pour signer, ou à celui où il posait la plume après avoir signé ? demanda Salvator.

Cette fois, M. Jackal enleva ses lunettes tout à fait, et regardant Salvator en face :

— Ma foi, monsieur Salvator, dit-il, si vous savez cela, vous en savez plus que moi et plus que tout le monde, car la question fut là :

L'acte était-il signé ou à signer? — *That is the question,* — comme dit Hamlet. Quant au marquis, il n'en put rien dire, lui; car, quoiqu'il ne mourût que trois jours après l'accident, il ne reprit pas connaissance.

— Voyons, monsieur Jackal, dit Salvator, franchement, face à face, en tête-à-tête, quel est votre avis, à vous?

— Mon avis est, répondit M. Jackal esquivant la question, que la famille fut peut-être un peu dure envers le pauvre M. Conrad.

— Un peu dure! bon, [dit Salvator. Du

moment où l'acte n'était point signé, où le notaire l'affirmait, du moins, quels égards devait-on à un bâtard ?

— Il était de notoriété publique que ce bâtard était le fils du marquis Emmanuel, hasarda M. Jackal.

— Oui ; seulement, si l'on reconnaissait cela, il fallait lui donner au moins le cinquième de la fortune à laquelle il avait droit, s'il avait été reconnu ; et le cinquième de cette fortune, c'était quelque chose comme deux millions. Mieux valait tout nier, hériter du siége de la chambre des pairs, hériter du titre, hériter de la fortune, et chasser le bâtard, N'est-ce pas ce que l'on a fait, cher monsieur Jackal, et n'a-t-on pas chassé le batard?

— Lequel, du reste, sortit fort dignement, à ce qu'il paraît, laissant ses chevaux dans les écuries, ses billets de banque dans le secrétaire, et n'emportant — ses ennemis eux-mêmes lui rendirent cette justice — que deux mille francs qu'il crut bien à lui, les ayant gagnés la veille à l'écarté.

— Diable! fit Salvator, un jeune homme habitué à la dépense comme M. Conrad l'était, ne va pas loin avec deux mille francs.

— Eh bien, c'est ce qui vous trompe,

monsieur, reprit l'homme de police ; nous avons l'œil sur ces fils de famille ruinés, nous autres protecteurs de la société. Avec ces deux mille francs il vécut près de quinze mois, essayant de tous les moyens honnêtes de gagner sa vie, comme maître de musique, comme maître de dessin, comme maître d'anglais et d'allemand, car il était fort instruit, le pauvre garçon ! Mais rien ne lui réussit, il ne trouva d'emploi nulle part ; si bien qu'un jour, ma foi, poussé à bout, à ce qu'il paraît, voyant qu'il n'y avait plus moyen de vivre sans se faire homme entretenu, souteneur de filles ou escroc, il prit tout simplement la résolution d'en finir avec l'existence, acheta un pistolet chez Lepage, le pistolet a été reconnu par celui qui l'avait vendu, alla faire un dernier tour aux Tuileries, aux Champs-Élysées et au bois, pour prendre congé de ses anciens camarades et de ses anciennes maîtresses, revint par la rue Saint-Honoré, entra dans l'église Saint-Roch, y fit sa prière, puis de là regagna la rue de Buffon, où il avait une modeste petite chambre.

— Et une fois dans cette modeste petite chambre, que fit-il? demanda Salvator.

— Ma foi, il fit ce que viennent de faire Colomban et Carmélite, il écrivit une longue lettre, non pas à des amis, il n'en avait pas, ou du moins, depuis le jour où il avait été chassé par son oncle et ses cousins de l'hôtel de la rue du Bac, il n'en avait plus, mais au commissaire de police de son quartier. Là, il racontait tout ce qu'il avait souffert depuis quinze mois, la lutte qu'il avait soutenue, l'impossibilité où il était de la poursuivre plus longtemps et la nécessité où il était réduit de se brûler la cervelle pour rester honnête homme.

Après quoi, il se coucha, alluma sa bougie, lut quelques pages de la *Nouvelle Héloïse* sur le suicide et se brûla la cervelle.

— En vérité, mon cher monsieur Jackal, dit Salvator, vous êtes un véritable journal.

— Ah! par ma foi, dit l'homme de police, il n'y a pas grand mérite à moi de vous donner ces détails, les suicides rentrent dans ma spécialité, et c'est moi qui ai fait le procès-verbal du suicide de M. Conrad.

— Vraiment !

— Mon Dieu, oui.

— Alors, c'est à vous, cher monsieur Jackal, que le pauvre jeune homme doit les derniers soins qui lui ont été rendus, et la constation de sa mort.

— La constatation ne fut pas difficile; le pistolet avait été déchargé à bout portant, la moitié du visage avait été enlevée, et ce qui en restait était brûlé ; et la constatation fut faite plutôt par la lettre que par la reconnaissance d'une identité devenue impossible à cause de la mutilation du corps.

— Les Valgeneuse, je le présume, furent avertis de la catastrophe.

— Ce fut moi-même qui leur en portai la nouvelle, avec un double du procès-verbal.

— Laquelle nouvelle et lequel procès-verbal durent faire uue profonde impression sur eux.

— Oui, mon cher monsieur, une profonde impression — profondément agréable.

— Je comprends ; l'existence de ce jeune homme les inquiétait.

— Aussi, me prièrent-ils de veiller jusqu'au bout aux derniers détails, me remettant une somme de cinq cents francs, de manière à ce que les choses se fissent d'une manière convenable.

— Oh ! les nobles parents ! fi Salvator.

— Me recommandant, en outre, de leur apporter le procès-verbal d'inhumation, comme je leur avais apporté le double du procès-verbal de suicide.

— Ce que vous fîtes, j'espère, monsieur Jackal?

— En conscience, je puis le dire. Je conduisis le corbillard au cimetière du Père-Lachaise, je fis descendre la bière devant moi dans un terrain acheté à perpétuité, je donnai l'ordre de mettre sur la tombe une pierre, avec ce simple nom : Conrad, et j'allai dire à monsieur le marquis de Valgeneuse qu'il pouvait être tranquille jusqu'au jour de la résurrection éternelle, et qu'il ne reverrait probablement son neveu que dans la vallée de Josaphat.

— Si bien que sur cette croyance, dit Salvator, toute la famille dort sur les deux oreilles.

— Que voulez-vous qu'ils craignent?

— Eh ! eh ! on a vu des choses si extraordinaires.

— Que peut-il arriver?

— Cher monsieur Jackal, nous sommes au Bas-Meudon, auriez-vous la bonté de faire arrêter?

M. Jackal tira le cordon qui donnait au cocher le signal de faire halte.

Le cocher arrêta ses chevaux.

Salvator ouvrit la portière et descendit.

— Pardon, dit M. Jackal, vous ne m'avez pas répondu.

— A quoi? demanda Salvator.

— A cette question : Que peut-il arriver?

— A l'endroit de Conrad ?

— Oui.

— Eh bien, cher monsieur Jackal, il

peut arriver que Conrad ne soit pas mort, qu'il n'attende point, par conséquent, pour reparaître, le jour de la résurrection éternelle; et que M. le marquis de Valgeneuse le rencontre autre part que dans la vallée de Josaphat.

Adieu, cher monsieur Jackal.

Et Salvator, refermant la portière, laissa l'homme de police si étourdi, que ce fut lui qui fut obligé de dire :

— Cocher, rue de Jérusalem!

III

Les confrères ennemis.

Pendant que M. Jackal, bourrant son nez de tabac pour tâcher d'éclaircir ses idées, et de comprendre quelque chose à l'énigme que lui avait jetée Salvator en s'éloignant, retournait au grand trot de ses chevaux vers Paris, Salvator allait retrouver Jean Robert à la maison mortuaire.

C'était juste au moment où, Carmélite commençant à recouvrer sa raison, ses trois amies, qui ne l'avaient pas quittée un instant, allaient entreprendre cette douloureuse tâche de lui annoncer la fatale nouvelle.

Dominique était parti depuis un quart d'heure pour Penhoël, emmenant avec lui le corps de Colomban.

Ludovic, après avoir laissé une ordonnance rigoureuse, et promis de revenir le lendemain, partait pour la rue Notre-Dame-des-Champs, qu'il habitait.

Enfin, Jean Robert attendait Salvator, pour revenir avec lui à Paris.

Suivons celui de nos personnages auquel va pour le moment s'attacher le plus grand intérêt, c'est-à-dire Ludovic; nous reviendrons aux autres plus tard.

Ludovic, la tête un peu alourdie par le jour et la nuit qu'il venait de passer, avait décidé de revenir à pied à Paris.

Le trajet du Bas-Meudon à la rue Notre-

Dame-des-Champs, en passant par Vanves, n'est qu'une promenade.

Ludovic revenait donc en se promenant, lorsqu'en traversant le village de Vanves, il aperçut, devant une maison où nous venons de conduire un de nos héros, une cinquantaine de personnes agenouillées ; hommes, femmes et enfants, tous priant, les larmes aux yeux, qu'un miracle rendît la vie au bon, à l'honnête, au bienfaisant M. Gérard, auquel le curé du Bas-Meudon, de retour de son excursion à Bellevue, apportait le viatique.

A ce spectacle assez rare, Ludovic s'arrêta, et s'approcha du groupe qui lui paraissait le plus éploré.

— Qui pleurez-vous donc, mes amis? leur demanda-t-il.

— Hélas! répondit l'un d'eux, nous pleurons le père du pays.

Ludovic se rappela qu'en effet, on était venu chercher l'abbé Dominique pour entendre la confession d'un mourant.

— Ah! oui, dit-il, vous pleurez M. Gérard.

— L'ami des malheureux, le bienfaiteur des pauvres.

— Est-ce qu'il est mort ? demanda Ludovic.

— Non ; mais à la suite d'une conférence que ce digne homme a eue avec un moine, il s'est senti tellement affaibli, qu'on a envoyé chercher le viatique, et qu'en ce moment M. le curé de Meudon lui administre les derniers sacrements.

— Hélas! dirent en chœur les paysans, en redoublant de gémissements et de sanglots.

Ludovic, sous son masque de sceptique, était doué d'une sensibilité de femme ; les larmes franches lui allaient droit au cœur, et attiraient invinciblement ses larmes.

— Quel âge a donc le malade? demanda-t-il.

— Pas cinquante ans, monsieur.

— Ah! dit un autre, ce n'est vraiment pas une miséricorde du bon Dieu que de nous le reprendre si jeune, tandis qu'il y a tant de méchantes gens qu'il laisse sur la terre.

— En effet, dit Ludovic, ce n'est pas un âge pour mourir, surtout quand on est regretté comme paraît l'être M. Gérard.

Puis, après avoir hésité un instant :

— Peut-on voir le malade? demanda-t-il.

— Est-ce que vous seriez médecin, par hasard? dirent d'une seule voix tous les assistants.

— Oui, répondit Ludovic.

— Médecin de Paris?

Ludovic sourit.

— Médecin de Paris.

— Oh! alors, entrez vite, mon cher monsieur, dit un vieux paysan.

— C'est le ciel qui vous envoie, dit une femme.

Et en même temps tous les paysans l'entourèrent; les uns le priant, les autres le poussant, de sorte qu'il se trouva presque porté dans la maison.

Outre les personnes agenouillées dans la rue, il y en avait dans le vestibule, dans l'escalier, dans l'antichambre et jusque dans la chambre à coucher du mourant.

Mais à ce mot : « C'est un médecin de

Paris ! c'est un médecin de Paris ! » chacun se rangea pour laisser passer Ludovic, qui se trouva ainsi poussé, pour ainsi dire, jusque dans la chambre.

Le mourant venait de communier, et la sonnette tintait pour annoncer que l'œuvre sainte était accomplie.

Ludovic s'inclina comme les autres, si peu croyant qu'il fût, lorsque passa le prêtre, précédé du bedeau et de l'enfant de chœur, et suivi des personnes étrangères, qui, dans une pieuse intention, étaient venues mêler leurs prières à celles de l'Église.

Puis, lorsqu'il releva la tête, il se trouva,

lui troisième, dans la chambre du mourant.

Les deux autres personnes étaient :
M. Gérard, qui, complétement anéanti, semblait agoniser sur son lit; et un homme d'une cinquantaine d'années, aux moustaches grises, portant à sa boutonnière la croix de la Légion-d'Honneur, et qui, appuyé au chevet, semblait suivre, avec un intérêt réel, les progrès presque visibles de la mort sur la physionomie du mourant.

Les deux hommes, en se trouvant en face l'un de l'autre, commencèrent par se regarder, pour savoir probablement à qui ils avaient affaire ; puis, comme cet examen ne leur avait absolument rien appris, Ludovic, qui était le plus jeune, s'avança le premier, et, avec la courtoisie d'un jeune homme en face d'un homme qui a le double de son âge :

— Monsieur, dit-il, est le frère du malade ?

L'homme aux moustaches grises regarda un instant Ludovic, pour tâcher de savoir à qui il parlait ; mais comme sans doute cette inspection ne le conduisait à rien :

— Non, monsieur, dit-il, je suis son médecin.

— Moi, monsieur, dit Ludovic en s'inclinant, j'ai l'honneur d'être votre confrère.

L'homme aux moustaches grises fronça légèrement le sourcil.

— Autant, dit-il, qu'un jeune homme de vingt-cinq ans peut être le confrère d'un homme qui a passé dix ans de sa vie sur les champs de bataille, et quinze ans au chevet des malades.

— Pardon, monsieur, dit Ludovic, mais je vois que j'ai l'honneur de parler à M. Pilloy.

Le médecin se redressa.

— Qui vous a dit mon nom, monsieur? demanda-t-il.

— Je l'ai appris d'une manière bien simple, et accompagnée des plus grands éloges, monsieur, dit Ludovic; le hasard m'a conduit au lit de deux pauvres jeunes gens qui viennent de s'asphyxier au Bas-Meudon. J'ai demandé tout de suite un médecin qui pût m'aider; on a prononcé votre nom, j'ai envoyé chez vous; chez vous, on a répondu que vous étiez près de M. Gérard.

— Et vos asphyxiés? demanda le chirurgien militaire, un peu radouci par la politesse du jeune homme.

— Je n'en ai pu sauver qu'un, monsieur, répondit Ludovic ; si vous eussiez été là, peut-être les eussions-nous sauvés tous deux.

— Et alors, dit M. Pilloy, vous trouvant sur les lieux, et sachant qu'il y avait un malade dans cette maison, vous êtes entré.

— Je ne me serais point permis une pareille inconvenance, monsieur, dit Ludovic, sachant que vous étiez près de M. Gérard, si les braves gens qui pleurent à la porte ne m'y avaient en quelque sorte forcé. L'extrême douleur est crédule, vous le savez, monsieur, pardonnez-leur; et quand vous leur aurez pardonné, pardonnez-moi à mon tour.

— Mais je n'ai rien à pardonner, ni à eux, ni à vous, monsieur; vous êtes le bien-venu, et, comme vous le disiez tout à l'heure, deux conseils valent mieux qu'un; malheureusement, ici, ajouta-t-il en baissant la voix, je crois que tous les conseils du monde n'y feraient rien.

Puis, plus bas encore :

— C'est un homme perdu! ajouta le chirurgien militaire.

Si bas qu'il eût parlé, le malade entendit ce que disait le bon M. Pilloy, et poussa un gémissement.

— Chut! dit Ludovic.

— Pourquoi chut? demanda le chirurgien.

— Parce que l'ouïe est le dernier sens qui survit en nous, et que le malade vous a entendu.

M. Pilloy secoua la tête en homme qui doute.

— Alors, demanda Ludovic, si bas qu'à

peine M. Pilloy l'entendit ; alors, il n'y a plus d'espoir.

— C'est-à-dire, répondit le chirurgien, que dans deux heures il sera mort.

Ludovic posa la main sur le bras de M. Pilloy, en lui montrant le malade qui s'agitait dans son lit.

M. Pilloy fit un signe de tête qui signifiait :

— Oh ! il a beau se remuer, il faudra qu'il y passe tout de même.

Puis, traduisant sa pantomime par la parole :

— Ce matin, continua-t-il, j'avais encore l'espérance de le conserver quarante-huit heures ; mais je ne sais pas quel est l'imbécille qui lui a fourré dans la tête de se confesser, ce qui était bien inutile, attendu que je le connais depuis qu'il habite Vanves, et que c'est un homme d'une vertu irréprochable. Il est resté trois heures enfermé avec je ne sais quel moine, et tenez, voilà l'état dans lequel le saint homme me l'a rendu. Ah ! les prêtres, les moines, les calotins, les jésuites, murmura le vieux soldat ; et quand on pense que c'est l'empereur, qui a fait de si bonnes choses, qui nous a rendu tout cela !

— Et quelle est la maladie dont il est atteint? demanda Ludovic.

— Eh! la maladie habituelle, pardieu! répondit M. Pilloy en haussant les épaules, comme s'il n'existait au monde qu'une espèce de maladie.

A ce mot, *la maladie habituelle*, Ludovic sourit; il venait de reconnaître un élève de Broussais, appliquant inintelligemment les leçons du grand maître.

Puis, pensant que l'existence d'un homme, — que Dieu donne pour un si court espace, et reprend pour l'éternité,

— est parfois remise aux mains d'un ignorant, ou, qui pis est, d'un fanatique, son sourire s'effaça, il haussa invisiblement les épaules, et regarda le vieux chirurgien de l'air d'un homme qui se tient sur ses gardes.

— Par maladie habituelle, vous entendez sans doute une gastrite? demanda-t-il.

— Naturellement, répondit le chirurgien; il n'y a parbleu pas à s'y tromper, voyez plutôt vous-même.

Autorisé par son confrère, Ludovic s'approcha du lit.

Le malade était couché dans un état de prostration complète, comme l'avait dit M. Pilloy; sa respiration était bruyante, difficile, oppressée; quand il respirait, sa poitrine se soulevait entièrement, comme dans le râle.

Il étudia le visage, passant du tout à la partie, de l'ensemble au détail.

La face était pâle, d'une coloration jaunâtre dans toute la figure, tout en devenant rougeâtre aux pommettes; les extrémités étaient mortes et froides. Une sueur visqueuse était répandue sur tout le visage, perlant surtout à la racine des cheveux.

A ces symptômes extérieurs, Ludovic jugea que la maladie était grave, en effet; mais cependant il ne vit point le malade dans l'état absolument désespéré où le voyait son confrère.

— Vous souffrez beaucoup, monsieur? demanda-t-il.

A cette question, faite par une voix nouvelle, et qui semblait rendre à M. Gérard un espoir perdu, celui-ci ouvrit les yeux et tourna la tête vers celui qui lui parlait.

Ludovic fut étonné de la vitalité qui régnait encore dans l'œil du moribond, vitalité qui n'était point en rapport avec la dégradation apparente de ses forces ; le blanc de l'œil était jaune, les traits de la figure étaient décomposés, le visage semblait mort.

Mais l'œil, ou plutôt le cœur de l'œil n'était pas aussi décomposé que la figure.

Il y avait encore de la force et de la vie dans cet œil.

— Voulez-vous me montrer votre langue? lui dit-il.

M. Gérard montra sa langue.

La langue était d'un blanc jaune tirant

sur le verdâtre, chargée, épaisse dans toute son étendue, mais elle n'avait pas cette pointe effilée comme celle des serpents; puis, elle n'était ni presque sanglante à son extrémité, ni rouge sur les bords, comme elle est dans les gastrites.

Jusque-là, Ludovic avait été dans le doute; à partir de ce moment, il entra dans la certitude.

Aussi, par un mouvement involontaire, presque machinal, son regard se tourna-t-il du malade sur le chirurgien; et cela, avec une expression à laquelle il n'y avait pas à se tromper.

Cette expression voulait dire clairement:

— Mais, vous voyez bien que ce n'est pas une gastrite !

Le vieux chirurgien, dans sa confiance en lui-même, ne parut remarquer ni le mouvement, ni le regard de Ludovic.

Il ne sourcilla point.

Ce sangfroid d'un confrère, qui devait au moins avoir sur lui l'expérience de l'âge et de la pratique, ébranla le jeune homme dans sa conviction.

Il lui restait une dernière expérience à faire.

Il souleva le drap du malade, mit à nu sa poitrine décharnée, y posa la main et l'y appuya doucement, lentement, mais de plus en plus, jusqu'à ce que la pression devînt cependant assez forte.

Voyant alors que M. Gérard ne trahissait la douleur par aucun signe :

— Souffrez-vous ? lui demanda-t-il.

— Non, répondit M. Gérard d'une voix faible.

— Comment, insista Ludovic, lorsque j'appuie ainsi, vous ne souffrez pas?

— Je respire plus difficilement, mais je n'éprouve aucune douleur.

Ludovic se retourna de nouveau vers son confrère, lui disant pour la seconde fois des yeux :

— Mais, vous voyez bien que ce n'est pas une gastrite !

Le vieux chirurgien ne parut pas plus comprendre la pantomime de Ludovic la seconde fois que la première.

Ludovic sourit.

Quant à lui, il était bien convaincu que

M. Gérard avait été traité pour une maladie qu'il n'avait pas.

Maintenant, quelle maladie avait-il?

Ludovic croisa les bras, regarda fixement le malade; puis, en baissant la tête comme pour réfléchir plus profondément, il aperçut, sous le traversin du malade, non-seulement le mouchoir avec lequel il s'essuyait le visage, mais encore celui dans lequel il crachait.

On eût dit que le mouchoir était taché de rouille; ce qui produisait ces taches, c'était une sorte de mucus taché de sang.

Ludovic était sur la piste de la maladie.

Alors, pour la seconde fois, il souleva le drap de M. Gérard; mais cette fois, au lieu d'appuyer sa main sur l'estomac, il appliqua son oreille à la poitrine, et cela, à la grande stupéfaction du vieux chirurgien, qui ne connaissait pas encore ce nouveau mode d'auscultation, et dont la physionomie, à cette vue, exprima une impression d'étonnement et de curiosité, qui pouvait équivaloir à cette question :

— Mais, que diable faites-vous là, mon cher confrère ?

Ce fut à son tour Ludovic qui ne fit point attention à la pantomime du vieux chirurgien.

Il parut satisfait des bruits qu'il venait d'entendre dans la poitrine du malade, car il releva la tête d'un air triomphant.

Il savait certainement à quoi s'en tenir sur l'état du patient, et il connaissait la maladie à laquelle il avait affaire.

Il ne lui restait plus que le pouls à examiner ; il demanda à M. Gérard de lui donner la main, le malade obéit machinalement.

Le pouls n'avait point perdu toute sa force, il résistait sous le doigt, il était très fréquent, c'est-à-dire il dépassait cent pulsations.

Il était irrégulier, il est vrai, mais très légèrement.

C'était à peu près ainsi que Ludovic comptait, disons même que Ludovic espérait le trouver.

L'examen terminé, Ludovic finit par où il eût dû commencer; mais, comme un homme qui arrive au bord d'une rivière où l'on crie au secours, il avait plongé d'abord.

Il se retourna vers M. Pilloy et lui demanda depuis combien de temps durait la maladie, quelles avaient été ses diverses phases, quelles étaient les causes auxquelles on l'attribuait.

Le médecin raconta alors l'immersion de M. Gérard dans le bassin du château et les funestes conséquences que ce plongeon, destiné à sauver la vie d'un enfant, avait eu pour son sauveur.

M. Pilloy répondit à toutes les questions, puis les questions achevées :

— Eh bien? demanda-t-il d'un air gouailleur.

— Eh bien! dit Ludovic, j'ai l'honneur

de vous remercier de votre complaisance, monsieur; je sais ce que je voulais savoir.

— Et que savez-vous?

— Je sais de quelle maladie est atteint le malade, dit Ludovic.

— Bon, ce n'était pas difficile à savoir, puisque j'ai commencé par vous dire que c'était une gastrite.

— Oui, mais voilà justement où nos opinions diffèrent.

— Que voulez-vous dire?

— Vous plairait-il de passer dans la

chambre à côté, mon cher confrère, je crois que nous fatiguons le malade.

— Oh! ne vous en allez pas, monsieur, au nom du ciel, demanda M. Gérard en rassemblant toutes ses forces pour exprimer ce désir.

— Soyez tranquille, mon ami, dit le vieux médecin, qui crut que la prière s'adressait à lui, je vous ai promis de ne pas vous quitter, et je vous tiendrai parole.

Et tous deux s'apprêtèrent à sortir de l'appartement.

Sur le seuil de la porte ils rencontrèrent la garde-malade.

— Ma bonne dame, dit Ludovic, nous allons rentrer dans cinq minutes ; en notre absence, quelque chose que demande le malade, ne lui donnez absolument rien.

La garde-malade se retourna vers M. Pilloy, comme pour lui demander si elle devait obéir à cette injonction.

— Dame ! lui répondit celui-ci, puisque monsieur prétend qu'il va guérir le malade.

Il s'attendait à ce que Ludovic allait se récrier ; mais, à son grand étonnement, Ludovic ne lui répondit rien.

Il se contenta de s'effacer pour le laisser passer avec la déférence que le plus jeune doit à son ancien.

IV

Où Ludovic prend la responsabilité.

Les deux médecins s'arrêtèrent dans l'antichambre.

Il était impossible de voir une plus vivante image de la routine et de la science.

— Voulez-vous me faire l'amitié de me

dire, mon jeune ami, demanda M. Pilloy, pourquoi vous m'avez emmené ici ?

— Mais, répondit Ludovic, d'abord, pour ne point fatiguer le malade par une discussion.

— Bon, puisque c'est un homme mort.

— Raison de plus, si c'est votre avis, pour ne pas l'exprimer devant lui.

— Ah ça, croyez-vous donc, dit l'ancien chirurgien-major, que les hommes de notre génération fussent des femmelettes comme ceux de la vôtre? J'étais là, monsieur, et je servais d'aide à Larrey, quand il a coupé les deux jambes au brave Montebello. Il y a eu une discussion de cinq minutes, pour savoir si on lui ferait l'opération, ou si on le laisserait mourir sans le tourmenter davantage ; croyez-vous qu'on se soit caché de lui? Non, monsieur, il prit part à la discussion comme s'il s'agissait d'un autre que lui ; et je l'entends dire encore, d'une voix aussi ferme que s'il avait crié *en avant* : « Coupez, morbleu! coupez! »

— Il est possible, monsieur, dit Ludovic, que lorsqu'on opère sur un champ de bataille, au milieu de quinze ou vingt mille blessés, on n'ait pas le temps de se plier à toutes ces délicatesses, qui, selon vous, méritent à notre génération le titre de génération de femmelettes ; mais nous ne sommes point ici sur un champ de bataille, M. Gérard n'est point un maréchal de France, comme le brave Montebello. C'est un homme fort abattu de sa position, ayant, à ce qu'il m'a paru du moins, grand' peur de mourir ; et chez lequel l'imagination, frappée peut-être, me semble agir plus fatalement encore que la maladie.

— A propos de maladie, vous disiez, monsieur, que vous n'étiez pas du même avis que moi.

— Sur la maladie, c'est vrai.

— Et quel est votre avis ?

— Que vous faites erreur, monsieur, en traitant le malade pour une gastrite.

— Comment, je fais erreur !

— Oui ; en supposant, je vous le répète, monsieur Gérard atteint d'une gastrite.

— Mais je ne suppose pas, monsieur, j'affirme.

— Eh bien ! moi, je crois le malade atteint d'un autre mal que celui que vous affirmez.

— Alors, vous prétendez, monsieur ?...

— A mon tour, je ne prétends pas, monsieur, j'affirme...

— Vous affirmez que monsieur Gérard...

— N'est point atteint d'une gastrite, c'est la troisième fois que j'ai l'honneur de vous le dire.

— Mais que diable voulez-vous qu'il ait, s'il n'a pas de gastrite? s'écria le vieux chirurgien stupéfait.

— Il a tout simplement une pneumonie, monsieur, dit froidement Ludovic.

— Une pneumonie! Ah! vous appelez cela une pneumonie!

— Pas autre chose.

— Alors, vous affirmez peut-être que vous allez le tirer de là?

— Ah! quant à cela, monsieur, je ne l'affirme pas, je me contente de l'espérer.

— Et peut-on connaître le remède souverain que vous allez employer?

— Je vais y songer, cher confrère, si toutefois vous m'en donnez la permission.

— Comment donc, vous me demandez la permission de sauver mon plus vieil ami?

— Je vous demande la permission de traiter un malade qui est à vous.

— Mais je vous la donne cent fois! Plût

à Dieu que cela servît à quelque chose ; mais, si vous voulez mon avis, je doute que le pauvre garçon voie le soleil de demain.

— Je vais donc tenter l'impossible, répondit Ludovic, conservant toujours la même politesse et le même respect envers un médecin qui était son aîné par droit de naissance, sinon de science.

— L'impossible est le mot, dit le vieux chirurgien, ne comprenant pas cette déférence de Ludovic, qu'il prenait pour de l'hésitation.

— Maintenant, qu'avez-vous fait jusqu'ici, mon honorable confrère? dit Ludovic pour la forme.

— J'ai pratiqué deux saignées, posé les sangsues à l'estomac, et mis le malade à une diète absolue.

Un sourire effleura les lèvres de Ludovic, sourire éclos bien plus sous la compassion que lui inspirait le malade, que sous l'ironie que devait lui inspirer cette panacée universelle, si à la mode à cette époque, les sangsues et la diète, cette autre sangsue de l'estomac.

Les deux praticiens en étaient là de la discussion, quand quelques paysans, impatients du miracle qu'avait dû opérer la présence d'un second médecin, firent irruption dans l'antichambre du philanthrope de Vanves.

— Eh bien! crièrent-ils tous à la fois ; va-t-il mieux, est-il sauvé ?

Le vieux chirurgien, qui avait l'habitude de s'entendre crier ces paroles aux oreilles toutes les fois qu'il sortait de chez l'honnête M. Gérard, crut encore que c'était à lui qu'elles s'adressaient.

Mais hélas! si l'onde est changeante, si la femme est plus changeante que l'onde, il y a une chose qui est mille fois plus changeante que l'onde et la femme à la fois.

C'est la foule !

Aussi, un des paysans qui avait le plus excité Ludovic à entrer dans la maison du bienfaiteur commun, répondit-il assez grossièrement au vieux chirurgien qui disait :

— Nous ferons ce que nous pourrons, mes amis, soyez tranquilles.

— Ce n'est point à vous que nous demandons cela !

Sans doute alors le digne M. Pilloy, qui avait aidé notre illustre ami Larrey à couper les deux jambes du brave Montebello, fit-il la même réflexion que nous sur la foule.

Seulement, il la fit une seconde trop tard.

Aussi, s'en dédommagea-t-il en fronçant le sourcil, et en formant, presque à part lui, le vœu impie que la science fanfaronne du jeune praticien reçût à l'endroit du malade un échec éclatant, afin de lui faire partager cette somme de dédain, que les villageois professaient maintenant pour lui.

Un autre villageois s'adressa directement à Ludovic.

— Eh bien, lui dit-il, faisant à la fois la demande et la réponse ; comment l'avez-vous trouvé ? Il est bien mal, n'est-ce pas ?

— Il n'y a plus d'espoir, n'est-ce pas, monsieur ? demanda un second.

— Il n'en reviendra point, n'est-ce pas, monsieur ? dit un troisième.

— Mes amis, répondit Ludovic, tant que le malade n'est pas mort, il faut avoir confiance, non pas dans l'art du médecin, mais dans la nature ; et, Dieu merci, monsieur Gérard n'est pas mort.

Ce fut un hourrah poussé par la foule.

— Vous le sauverez donc? demandèrent vingt voix.

— J'y ferai tous mes efforts, dit Ludovic.

— Oh! sauvez-le, sauvez-le, monsieur! lui cria-t-on de tous les côtés.

A ces cris, la garde-malade était sortie de la chambre.

— Que se passe-t-il donc? demanda le malade que tout ce tumulte brisait ; ne peut-on pas me laisser mourir tranquille ?

— Oh! monsieur, dit la garde, il ne s'agit pas de mourir.

— Comment ! s'écria le malade, il ne s'agit plus de mourir.

Et ses yeux, qu'on eût cru éteints, lancèrent une double flamme.

— Non, monsieur, le jeune médecin qui est venu dit aux paysans qu'il vous sauvera peut-être.

— Oh! peut-être, reprit monsieur Gérard en laissant retomber la tête sur son oreiller; en tout cas, madame Vincent, qu'il ne s'éloigne pas, au nom du ciel qu'il ne s'éloigne pas!

Puis, écrasé par cet effort, il resta immobile, ne vivant plus en apparence que par l'espèce de sifflement que faisait son souffle en sortant de la poitrine.

— Messieurs, messieurs, dit la garde-malade, M. Gérard se trouve mal; on dirait qu'il va passer.

Ludovic rentra vivement, prit la main, tâta le pouls.

— Ce n'est rien, dit-il, c'est une syncope produite par l'émotion. Du courage, monsieur.

Le malade poussa un soupir.

La garde-malade avait toutes les peines du monde à empêcher la foule d'envahir la chambre.

— Sans doute, dit le vieux médecin à son jeune confrère, vous n'allez pas vous borner, monsieur, à dire au malade : du courage; vous lui ordonnerez quelque chose ?

— Donnez-moi un papier, une plume

et de l'encre, dit Ludovic, s'adressant à la garde-malade, je vais vous écrire une ordonnance.

Ce fut à qui trouverait le plus tôt possible les objets demandés.

Le malade, qui, sur le mot *peut-être*, avait reperdu l'espoir un instant conçu, se démenait dans son lit, joignant les mains, et exprimant par son geste d'une façon plus claire qu'il ne l'eût fait par ses paroles, cette prière :

— Au nom du Seigneur Dieu, laissez-moi donc mourir tranquille !

— Mais personne ne faisait attention à la mort cruelle qu'on lui infligeait, tant tout le monde avait le désir de lui conserver la vie.

Ludovic chercha une place où écrire l'ordonnance ; mais tous les meubles étaient encombrés de fioles, de pots, de verres, d'assiettes, de soucoupes de tous genres.

Les paysans, voyant l'embarras, offrirent les uns leur tête, les autres leurs genoux.

Ludovic trouva un dos convenable, et

s'en servit comme d'une table pour écrire l'ordonnance.

— Envoyez chercher immédiatement cela, dit-il à la garde-malade.

Il n'avait pas formulé ce désir, que l'ordonnance, arrachée de ses mains, passait dans celles de sept ou huit assistants, se disputant cette joie d'être utiles à M. Gérard.

Enfin un boiteux se rendit maître du précieux papier, et, clopin clopant, partit le plus vite qu'il put.

— Ma bonne dame, dit Ludovic à la

garde-malade, vous donnerez à M. Gérard une demi-cuillerée de la potion que l'on va vous rapporter, toutes les demi-heures, vous entendez, ni plus ni moins souvent que toutes les demi-heures, pas plus ni moins qu'une demi-cuillerée ; il n'y a que cela qui puisse le sauver.

— Toutes les demi-heures une demi-cuillerée, répéta la garde-malade.

— Oui, c'est cela parfaitement, il faut absolument que je retourne à Paris.

Le malade poussa un soupir; il lui sembla que le reste de son existence l'abandonnait.

Ludovic entendit ce soupir, ardente prière de l'homme désespéré.

— Il faut que je retourne à Paris, dit-il, mais dans trois heures je viendrai voir l'effet que la potion aura produit.

— Et vous êtes sûr, alors, grogna en ricanant le vieux médecin, que votre potion le sauvera ?

— Sûr n'est pas le mot, mon cher confrère. Vous le savez mieux que personne, l'homme n'est jamais sûr de rien ; mais...

Ludovic jeta encore un coup d'œil sur le mourant.

— Mais, je l'espère, dit-il.

Ce dernier mot souleva un nouveau hurrah de joie dans la foule.

Le malade rassembla ses forces et se soulevant sur son lit :

— Trois heures, monsieur, dit-il, tâchez de ne pas être plus longtemps.

— Je vous le promets, monsieur.

— Je compterai les minutes, monsieur, dit le malade en essuyant avec son mouchoir son front couvert d'une sueur qu'on eût pu prendre pour celle de l'agonie.

Sur ces mots, Ludovic sortit avec son vieux confrère, l'invitant à passer le pemier, s'inclinant devant lui, lui donnant, en un mot, en face de la foule, toutes les marques de respect que l'on doit à un aîné et à un supérieur.

Ludovic, comme il l'avait dit, prit le chemin de Paris, cherchant cette fois des yeux un cabriolet, un fiacre, un véhicule quelconque, pour être plus tôt de retour.

Le chirurgien le suivit, plein de rancune et sans desserrer les dents.

Ludovic crut de son côté que ce n'était

point à lui de parler le premier, même pour prendre congé de son confrère.

Ce silence eût certainement duré jusqu'à leur séparation, si le boiteux qui était allé chercher l'ordonnance ne fût point arrivé, clopin clopant, au-devant des deux rivaux, pour leur délier la langue.

Le boiteux montra à Ludovic la potion que le pharmacien venait de lui remettre.

— Est-ce cela, monsieur? demanda-t-il.

— Oui, mon ami, répondit Ludovic en regardant la fiole, et dis bien à la garde-malade de suivre de point en point mon ordonnance.

Cette rencontre servit à M. Pilloy de prétexte pour reprendre la parole.

— Vous croyez peut-être, mon cher confrère, que je ne sais pas ce que contient cette fiole? demanda-t-il.

— Pourquoi vous ferais-je cette injure, monsieur? demanda Ludovic.

— C'est de l'émétique que vous lui donnez là?

— En effet, c'est de l'émétique.

— Parbleu! dit M. Pilloy, il faut bien que vous lui donniez de l'émétique, puisque vous croyez à une pneumonie.

— Monsieur, dit froidement Ludovic, j'ai un tel respect pour votre science et pour votre expérience, que je souhaiterais de me tromper, si ce n'était souhaiter en même temps la mort du malade.

Et sur ces mots, Ludovic, n'apercevant à l'horizon aucun fiacre ni aucun cabriolet, prit, à travers champs, un sentier qui paraissait devoir le conduire plus vite à sa destination que ne l'eût fait la grande route.

De son coté, le vieux médecin, curieux de savoir l'effet qu'allait produire la potion sur son ami mourant, revint à Vanves; et deux heures et demie juste après le départ de Ludovic, il était au chevet du malade, qui, cette fois, ne le vit pas s'y installer sans une certaine répugnance.

Un tel empressement surprit les villageois qui le virent entrer; il surprit surtout la garde-malade, qui, habituée à attendre M. Pilloy fort longtemps parfois lorsqu'on l'appelait, fut étonnée de le voir arriver lorsqu'on ne l'appelait pas.

Cependant celui-ci ne se donna même

pas la peine de motiver sa visite inattendue.

Il essaya d'interroger le malade ; mais celui-ci, soit défiance, soit que sa faiblesse fût augmentée, refusa de lui répondre.

Alors, se retournant du côté de la garde-malade :

— Eh bien, chère madame Vincent, demanda-t-il, quoi de nouveau ?

— Ah ! monsieur, répondit la bonne femme, cela va bien petitement.

— Lui avez-vous administré la fameuse potion ?

— Oui, monsieur.

— Quel effet a-t-elle produit?

— Mauvais effet, mauvais effet, cher monsieur Pilloy.

— Quel effet, enfin? demanda le vieux docteur, en se frottant sournoisement les mains.

— Il a vomi, monsieur.

— Pardieu ! j'en étais sûr; par bonheur, je ne suis pas responsable des suites, et s'il meurt, ce n'est pas moi qui l'aurai tué.

— Non, c'est vrai, dit la bonne femme, mais c'est vous qui l'avez condamné.

— Parbleu! dit le chirurgien-major de la grande armée, on condame toujours; sans cela, si un malade mourait, ce qui arrive quelquefois, on viendra dire au médecin : « Il est mort, et vous ne l'aviez pas condamné. » De cette façon, l'honneur de la médecine est sauvé.

— Oui, dit madame Vincent, et si le malade en revient, l'honneur du médecin s'en accroît.

Les récriminations du vieux chirurgien et les réflexions médico-philosophiques de la garde-malade durèrent une demi-heure.

Au bout de cette demi-heure, Ludovic arriva.

Il entra juste au moment où M. Pilloy, sans pitié pour son meilleur ami, — la science est comme Saturne, elle dévore ses enfants ; — il entra au moment, disons-nous, où M. Pilloy, voyant le malade rendre presque immédiatement la cuillerée d'eau émétisée qu'il venait de prendre, disait, en regardant M. Gérard, dont la figure contractée exprimait la souffrance :

— Décidément, il est perdu !

Ludovic entendit ces mots, mais n'y faisant aucune attention, il alla droit au malade, le regarda attentivement, puis lui prit le pouls.

Au bout d'une minute, minute pleine d'anxiété pour ce brave cœur, pleine d'inquiétude d'une toute autre nature pour le vieux chirurgien; au bout d'une minute, il releva le front.

Son visage, examiné à la fois par le médecin, par la garde-malade et par le mourant, exprimait la satisfaction la plus complète.

— Cela va bien, dit-il.

— Comment, cela va bien? demanda M. Pilloy stupéfait.

— Oui, le pouls s'est relevé.

— Ah! c'est à cela que vous trouvez qu'il va mieux?

— Certainement.

— Mais, malheureux jeune homme, il a vomi.

— Il a vomi? répéta Ludovic en regardant madame Vincent.

— Vous voyez bien qu'il est perdu.

— Au contraire, dit tranquillement Ludovic, s'il a vomi, il est sauvé.

— Vous répondez de la vie de mon meilleur ami! reprit M. Pilloy furieux.

— Oui, monsieur, dit Ludovic, et sur ma tête.

Le vieux médecin prit son chapeau et sortit avec la mine d'un algébriste auquel on soutient que deux et deux font cinq.

Ludovic écrivit une autre ordonnance et la remit à la garde-malade.

— Madame, lui dit-il, *j'ai pris la responsabilité ;* vous savez ce que cela veut dire en terme de médecine. Que M. Gérard ne prenne désormais absolument rien que sur mes ordonnances, et M. Gérard est sauvé.

Le moribond poussa un cri de joie, saisit la main du jeune homme, et avant que celui-ci eût pu s'y opposer, y appliqua ses lèvres.

Mais presque aussitôt sa figure parut se décomposer sous l'influence d'une indicible terreur.

— Et le moine! et le moine! murmura-t-il en retombant écrasé sur son traversin.

V

L'homme au faux nez.

Nous avons en quelque sorte terminé les différents récits qui forment le prologue de ce livre, et à part Pétrus, Lydie et Régina, le lecteur connaît maintenant la majeure partie des personnages destinés à jouer les rôles principaux dans notre drame.

En outre, on l'a vu : les différentes histoires que nous venons de raconter, et qui ont peut-être paru incohérentes entre elles, sont venues se réunir peu à peu et former un tout homogène. Les fils divergens en apparence, et sans rapports visibles les uns avec les autres, ont peu à peu, et au fur et à mesure que nous avons avancé dans notre sujet, formé sous notre main une trame souvent imprégnée de larmes, parfois même rougie de sang ; canevas tantôt radieux, tantôt sombre, auquel nous avons essayé de donner la gigantesque dimension que comporte la tâche que nous nous sommes imposée, en essayant de prendre la souche de la restauration, depuis ses plus hauts sommets jusqu'à ses plus profonds abîmes.

Qu'on ne perde donc pas courage, que l'on s'engage donc hardiment sur nos traces dans ce pays de l'inconnu où nous nous aventurons, et que le lointain des horizons n'effraie personne ; malgré les détours ou les escarpements de la route, nous y atteindrons.

Quand le moment sera venu de mettre en saillie la moralité de cet ouvrage, on ne s'apercevra plus, nous l'espérons, du chemin que l'on aura fait, la fin justifiera les moyens.

Chacun de nos personnages, que l'on en soit bien certain, n'est pas seulement une création imaginaire, un être de convention ou de fantaisie, n'ayant pour but que de faire rire ou pleurer, par tel ou tel procédé plus ou moins habile; non, chaque héros, peint d'après nature, représente une idée; il est l'incarnation d'une vertu ou d'un vice, d'une faiblesse ou d'une passion, et tous ces vices, ces vertus, ces passions, ces faiblesses, reproduiront collectivement la société, comme isolément chacun représentera un de ses membres.

Il y a deux façons de procéder, au théâtre comme dans un livre, deux méthodes contraires d'arriver au même but.

L'une s'appelle la synthèse, l'autre l'analyse.

— Par la synthèse, on arrive à la connaissance des vérités que l'on cherche, en partant des premiers principes.

Par l'analyse, on part des propositions particulières pour revenir aux premiers principes.

Nous l'avons dit, le but est le même; seulement, par la synthèse, on arrive en montant, par l'analyse, on arrive en descendant.

L'analyse décompose, la synthèse recompose.

L'analyse réduit un corps dans ses parties principales pour en connaître l'ordre.

La synthèse rassemble ces parties pour en former un tout.

Que l'on nous permette donc, selon nos besoins et même selon notre caprice, puisque nous avons le choix de deux moyens, d'user tantôt de l'un, tantôt de l'autre.

Après avoir fait trente tragédies, Corneille demandait, dans la préface de *Nicomède*, la permission de glisser un peu de comédie dans la trente et unième.

Après avoir fait huit cent cinquante volumes pour nos lecteurs, nous faisons comme l'auteur du Cid, nous demandons à nos lecteurs la permission d'en faire une trentaine pour nous.

Ceci posé, reprenons le cours de notre narration.

Nous avons laissé Ludovic et Pétrus se séparant à la porte du tapis-franc.

Ludovic pour suivre Chante-Lilas, et nous avons vu les suites qu'avait eu la pointe du jeune médecin sur le Bas-Meudon.

Pétrus pour aller prendre sa séance.

Occupons-nous un peu de Pétrus, dont nous avons dit quelques mots à peine, et que nous n'avons fait poser qu'un instant devant nos lecteurs dans le prologue de notre drame.

Il est bon qu'avant de commencer la portion de ce livre qui se rapporte directement à lui, le lecteur le connaisse physiquement et moralement.

C'était un fort beau garçon que Pétrus, d'une élégance et d'une distinction naturelle, qu'auraient pu lui envier les plus élégants et les plus distingués des jeunes gens à la mode; mais il rougissait en quelque sorte de cette supériorité aristocratique, que le hasard lui avait répartie en naissant. Il avait, pour la fatuité de ces jeunes gens que l'on appelle des fils de famille, sans doute pour les distinguer de ceux qui, sachant se suffire à eux-mêmes, se contentent d'être les fils de leurs œuvres; il avait, disons-nous, pour ces jeunes désœuvrés un mépris si profond, une horreur si invincible, qu'il s'efforçait de dissimuler son élégance et sa distinction natives, c'est-à-dire les seules choses communes qu'il eût avec eux, dans la crainte de leur ressembler.

Il affectait l'air débraillé pour cacher son air véritable ; comme il affectait des défauts qu'il n'avait pas, pour cacher les qualités qu'il avait. Ainsi que Jean Robert le lui avait dit au moment d'entrer à la halle, il faisait le sceptique, le roué, le blasé, de peur que l'on ne s'aperçût qu'il était bon et naïf.

Au fond, c'était un cœur de jeune homme de vingt-cinq ans, honnête, innocent, impressionnable, enthousiaste ; un véritable cœur d'artiste, enfin.

Et cependant, c'était lui qui avait eu l'idée de cette mascarade, et de souper dans ce mauvais lieu.

Maintenant, comment cette idée lui était-elle venue ?

Pour prendre une idée exacte du caractère de Pétrus, il faut que nos lecteurs nous permettent de leur raconter cela.

Le matin même du mardi-gras, après une course en ville, Pétrus, vers midi, était rentré chez lui très soucieux.

D'où venait le souci de Pétrus ? On le saura plus tard. Tout ce que nous pouvons dire pour le moment, c'est que Pétrus était rentré soucieux.

Les meilleurs caractères en sont là ; ils ont des jours où ils ne valent pas le diable.

Pétrus était dans un de ces jours-là.

Jean Robert lui avait offert de lui lire un acte de sa nouvelle tragédie, mais il avait envoyé promener Jean Robert.

Ludovic lui avait offert de le purger, mais il avait envoyé Ludovic se promener plus loin encore que Jean Robert.

Ce cœur insouciant était tout ému. Cet esprit charmant était alourdi.

Ses deux amis, habitués à le voir tout autrement, n'y comprenaient rien.

Interrogé sur le secret de sa tristesse,

Pétrus s'était contenté de les regarder en face et de leur répondre :

— Moi, triste, vous êtes fous !

Réponse qui avait fort inquiété les deux jeunes gens.

Ils avaient donc insisté, mais inutilement.

A chaque fois qu'ils ramenaient la conversation sur sa tristesse, il s'éloignait d'eux, se réfugiant dans les coins les plus obscurs de son atelier, comme s'il voulait fuir jusqu'à leur contact.

Ce fut dans un de ces mouvements de retraite que, poussé à bout par ses deux amis, il leur déclara que, pour peu qu'ils continuassent à le poursuivre partout où il se retirerait, il allait ouvrir la fenêtre et sauter du deuxième, pour savoir s'ils persisteraient à le suivre.

Ludovic étendit la main, non plus cette fois pour purger Pétrus, mais pour le saigner, le déclarant atteint de fièvre cérébrale ; sur quoi, Pétrus ouvrit la fenêtre, déclarant qu'au premier mouvement que ses amis feraient, il exécuterait sa menace.

Puis, comme un véritable Breton de Saint-Malo qu'il était, habitué dès son enfance à courir sur les vergues des bâtiments, à grimper aux hunes des vaisseaux, il jeta tout son corps en avant, en se retenant d'une manière presque invisible à la traverse de son balcon.

Ses amis crurent un instant qu'il allait se précipiter en effet, et jetèrent un cri.

Mais lui répondit à ce cri par un éclat de rire homérique, qui, dans la disposition d'esprit où ils étaient, inquiéta Jean Robert et stupéfia Ludovic.

— Qu'y a-t-il donc? demandèrent les deux jeunes gens inquiets.

— Il y a, répondit Pétrus, que j'ai là sous les yeux le plus beau modèle de caricature pour Charlet, ou le plus beau sujet de roman pour Paul de Kock qu'il ait jamais été donné à un homme de contempler, pendant les vingt-quatre heures qui constituent ce bienheureux jour de fête qu'on appelle le mardi-gras.

— Voyons, dirent les deux amis en s'approchant.

— Oh ! regardez, fit Pétrus, je ne suis pas égoïste, moi.

Ludovic et Pétrus s'approchèrent.

Bien que l'atelier de Pétrus fût situé, comme nous l'avons dit, rue de l'Ouest, ses fenêtres donnaient sur l'esplanade de l'Observatoire.

C'était donc l'esplanade de l'Observatoire qui servait de cadre au sujet du tableau dévoué au crayon de Charlet ou à la plume de Paul de Kock, qui avait si inopinément éveillé la gaîté de Pétrus.

Le sujet de ce roman ou le modèle de ce tableau était un personnage vêtu de noir, plutôt petit que grand, plutôt gros que mince, qui se promenait solitaire, mélancolique, et la canne à la main, dans l'allée de l'Observatoire.

Vu de dos, le bonhomme présentait une surface arrondie, qui n'avait rien de particulièrement comique.

— Que diable trouves-tu donc de drôle à ce monsieur ? demanda Jean Robert.

— Il me fait tout à fait l'effet d'un homme comme un autre, fit à son tour Ludovic, excepté qu'il me paraît avoir un tic dans la jambe droite.

— Ce n'est point un homme comme les autres, voilà d'abord ce qui vous trompe, répondit Pétrus, et la preuve c'est que je voudrais bien être comme lui.

— Que lui envies-tu, voyons ? demanda Jean Robert, et si l'on peut t'offrir ce qu'il a, et si ce qu'il a est à vendre, je vais le lui acheter et je te le donne.

— Ce qu'il a, je vais te le dire. D'abord, il est seul, et n'a pas deux amis qui l'assomment comme vous m'assommez, ce qui est déjà quelque chose ; puis, je m'ennuie et il s'amuse.

— Comment, il s'amuse, fit Ludovic, il a l'air triste comme un pendu.

— Cet homme-là s'amuse? demanda Jean Robert.

— Enormément, répondit Pétrus.

— Ma foi, en tous cas, il n'y paraît point, dit Ludovic.

— Eh bien, moi je vous dis, reprit Pétrus, que cet homme-là rit intérieurement à gorge déployée, et je vais vous en donner la preuve, la voulez-vous ?

— Oui, répondirent d'une même voix les deux jeunes gens.

— Eh bien ! attendez-vous à tout, dit Pétrus. Et, se faisant un porte-voix des deux mains :

— Eh ! monsieur, cria-t-il au passant, vous qui vous promenez là-bas, monsieur!

Le monsieur était tout seul dans l'allée. Comprenant donc que cette appellation ne pouvait s'adresser à un autre, il se retourna.

Alors les trois jeunes gens partirent ensemble de ce même rire homérique dont Pétrus avait donné l'exemple tout seul un instant auparavant.

C'était un homme grave, de quarante à cinquante ans à peu près, qui avait au milieu du visage un nez de carton de trois à quatre pouces de longueur.

— Qu'y a-t-il à votre service, monsieur? demanda-t-il d'une voix lugubre.

— Rien, monsieur, répondit Pétrus, absolument rien, nous avons vu ce que nous désirions voir.

Puis, se retournant vers ses amis :

— Eh bien, qu'en dites-vous ? demanda-t-il.

— J'avoue, dit Jean Robert, que cet homme, très sérieux, vu de dos, est très réjouissant, vu de face.

— Je proposerai à l'Académie des sciences, dit Ludovic, de fonder un prix pour le médecin qui trouvera la maladie dont est atteint un homme qui se promène avec un pantalon noir, une redingote noire, un chapeau rond et un faux nez.

— Et il te faudra un prix, un encouragement, une prime pour que tu trouves cela ? dit Pétrus d'un air méprisant.

— Écoute, dit Jean Robert, voilà Pétrus en veine de divination, il va te le dire.

— Oh ! je l'en défie bien, dit Ludovic...

— Pétrus voit peut-être dans cet homme quelque chose de plus qu'un faux nez.

— Quand il y verrait encore un faux toupet, où cela le conduirait-il ?

— Où la forme sous laquelle apparaissent en mer les voiles d'un bâtiment a conduit Christophe Colomb ; où la chute d'une pomme a conduit Newton ; où le tonnerre tombant sur un cerf-volant a conduit Franklin — à la découverte de la vérité, dit Pétrus avec cet enthousiasme factice qui était un des ressorts comiques de la conversation de l'époque.

— Voyons, dit Jean Robert, je ne sais quel philosophe a dit que tout homme qui avait découvert une vérité et qui la gardait pour lui était un mauvais citoyen. La vérité, Pétrus, la vérité !

Pétrus était justement dans une de ces heures d'excitation nerveuse où la parole est un soulagement ; il ne se fit donc pas prier pour prendre la parole.

— Eh bien, oui, malheureux aveugles que vous êtes, dit-il, sous le faux nez de cet homme, j'entrevois, moi, toute sa vie.

— Va, Pétrus, va, dit Ludovic.

— Cet homme, voyez-vous, continua Pétrus, eh bien, je vais vous faire son histoire.

— Chut ! dit Jean Robert.

— Cet homme a une femme qui lui est

insupportable, et il mène une vie qui lui est aussi insupportable que sa femme. Il a entendu dire par ses voisins que messieurs ses enfants n'étaient pas de lui; son portier, à cause de cela, certainement, le regarde d'un air gouailleur quand il sort, et d'un air triste quand il rentre. Il n'a qu'un seul ami, et c'est justement celui-là qu'on accuse d'être son ennemi. Cette diffamation est fondée, ou, si vous le préférez, cette diffamation n'est point une diffamation; il le sait, il en a les preuves authentiques, eh bien, il continue à serrer amicalement la main de son ami, ou de son ennemi, comme vous voudrez, il fait sa partie de dominos avec lui tous les soirs, et l'invite à dîner une fois par semaine, il lui confie sa femme aux premières représentations, il l'appelle mon bon, mon cher, mon vieux ; il se sert enfin des épithètes les plus affectueuses pour lui prouver son amitié, tandis qu'au fond il le hait, il le déteste, il l'exècre, il voudrait lui manger le cœur comme Gabrielle de Vergy a mangé celui de son amant Raoul. Et pourquoi dissimule-t-il ainsi, sourit-il ainsi, câline-t-il ainsi femme et amant? Parce que cet homme est un sage, un Socrate, un bourgeois paisible, enfin, qui veut avoir la tranquillité chez lui, et qui ne saurait l'obtenir s'il ouvrait la bouche ou s'il ne fermait les les yeux.

— Mais enfin, mon cher Pétrus, dit Jean Robert, excitant la verve fébrile de son ami, cet homme a des joies; au milieu de ce Sahara qu'on appelle le mariage, il a trouvé quelque oasis, quelque source fraîche où il va à ses heures, où il se rafraîchit clandestinement, ce qui lui redonne la force nécessaire pour fouler à nouveau le sable brûlant du désert conjugal.

— Eh oui, sans doute, répondit Pétrus; un homme n'est jamais tout à fait heureux, ou tout à fait malheureux, il y a des échappées de lumière au milieu de l'ombre, comme dans les coups de vent de Ruisdaël, comme dans les tempêtes de Vernet. Oui, comme tous ses semblables, il a ses félicités intimes et muettes, ses joies mystérieuses et cachées. Eh bien! connaissez-vous ses joies? devinez-vous ses félicités? — Non. — Je vais vous les dire, alors. La joie ineffable de cet homme, la félicité solennelle qu'il se promet pendant les trois cent soixante-quatre jours de l'année, eh bien, c'est de mettre un faux nez le jour du mardi-gras; usant des bénéfices de la loi, il passe effrontément dans son quartier, avec la certitude de ne pas être reconnu de ses voisins, qu'il insulte à son tour; et il est d'autant plus fondé à le croire, que l'an dernier, à pareille époque, il a aperçu son ami et sa femme dans un fiacre, et qu'à son aspect ils n'ont pas baissé le store. Cet homme que vous voyez là, continua Pétrus, s'exaltant dans sa fantasque improvisation, il ne donnerait pas sa journée du mardi-gras pour vingt mille maravedis; il est roi de Paris, il se promène incognito dans sa ville; et ce soir, quand il va rentrer chez lui, sa femme l'interrogera vainement sur l'emploi de sa journée, il demeurera sourd et muet aux interrogations de sa femme, il la regardera d'un air de compassion, seulement en songeant aux plaisirs dont il aura joui pendant cinq ou six heures.

Respectez donc cet homme, dit en terminant Pétrus, respectez-le et portez-lui envie, car il s'amuse; tandis que vous, par ce jour de réjouissance publique, vous avez l'air, toi, Ludovic, du médecin qui vient de tuer la gaîté, et toi, Jean Robert, du croquemort qui vient de la conduire au Père-Lachaise.

— Puisque tu envies le sort de cet homme, dit Ludovic à Pétrus, que ne t'affubles-tu comme lui d'un faux nez, que n'intrigues-tu comme lui les passants, que ne fais-tu croire aux bourgeois de ton quartier que leurs femmes les trompent?

— Ne m'en défie pas, dit Pétrus.

— Je t'en défie, au contraire, et de toutes mes forces.

— Ne défie pas un fou de faire sa folie, dit Jean Robert.

— La folie passe pour être la mère de la sagesse, dit sentencieusement Pétrus, ce qui prouve en passant que, lorsqu'on est fou dans sa jeunesse, on devient sage en vieillissant. Tandis qu'au contraire, les jeunes gens sages deviennent des vieillards fous. Ainsi, continua Pétrus, voilà de quoi vous êtes menacés tous deux; vous êtes sur le grand chemin de la démence, sans vous en douter, votre sagesse précoce vous conduira droit au dévergondage. Eh! nos pères n'étaient pas ainsi, ils étaient jeunes pendant leur jeunesse, vieux dans l'âge mûr. Ils ne dédaignaient pas de sanctifier les fêtes; le mardi-gras, tout particulièrement, était pour eux un jour de liesse. Tandis que vous, vieillards de vingt-cinq ans, qui faites les Manfred et les Werther, vous méprisez les plaisirs naïfs de nos aïeux; vous ne hasarderiez pas la semelle de vos escarpins dans les rues de Paris un jour de carnaval; non, au contraire, vous fuyez, vous vous claquemurez, et ce qui est le pire de tout, c'est que vous vous claquemurez chez moi, qui, le diable m'emporte! suis encore plus bête, encore plus triste, encore plus maussade que vous.

— Bravo, Pétrus! cria Ludovic; par ma foi, tu m'as converti, et la preuve, c'est que je porte un défi.

— Lequel?

— C'est de nous habiller tous les trois en malins, et de courir tous les mauvais lieux de Paris dans cet élégant costume.

— Accepté, dit Pétrus. J'ai besoin de me distraire. En es-tu, Jean Robert ? Jean Robert, en es-tu ?

— Impossible, dit Jean Robert, je dîne rue Sainte-Appoline et reste à une soirée de famille. Accorde-moi donc ma liberté.

— Soit, mais à une condition.

— Laquelle? demanda Jean Robert.

— Oui, mais il ne s'agira pas, quand on t'aura dit à quelle condition, de refuser ou de faire des manières, dit Ludovic.

— Sur ma parole, ce sera comme aux jeux innocents, ce qui me sera ordonné je le ferai.

— Eh bien, dit Ludovic, comme je suis curieux de savoir si Pétrus s'est trompé à l'endroit de l'homme au faux nez, tu vas aller te poser devant lui et lui demander :

Comment vous appelez-vous ? qui êtes-vous ? que cherchez-vous ? Nous t'attendons ici.

— Soit, dit Jean Robert.

Le jeune homme prit son chapeau et partit.

Dix minutes après il rentra.

— Ma foi, messieurs, dit-il, j'en suis pour mes frais.

— Il ne t'a rien répondu, l'hypocrite?

— Au contraire.

— Que t'a-t-il répondu?

— Qu'il se nommait Gibassier, qu'il était échappé du bagne de Toulon, et qu'il cherchait un monsieur qui devait lui donner mille écus pour faire un coup la nuit prochaine.

Les trois jeunes gens éclatèrent de rire.

— Eh bien, dit Ludovic à Pétrus, tu vois bien que ce n'est pas ton bourgeois.

— Et pourquoi pas?

— Bon, un bourgeois n'aurait pas tant d'esprit que cela.

Et les trois jeunes gens descendirent, en glorifiant l'esprit de l'homme au faux nez.

On a vu dans notre premier chapitre le résultat du défi porté par Ludovic à Pétrus

VI

Le Van Dick de la rue de l'Ouest.

Maintenant que nous avons essayé de donner un spécimen du caractère de Pétrus, les jours où il était au cabaret et avait le système agacé ; voyons ce qu'il était hors du cabaret ou pendant ses jours de bonne humeur.

Nous avons dit que c'était un beau garçon ; expliquons-nous un peu. On n'est pas vulgairement assez d'accord sur ce mot : beau garçon.

Nous autres hommes sommes mauvais juges en cette matière, parlons de l'opinion des femmes.

Pour les unes, la beauté des hommes consiste uniquement dans la santé et la fraîcheur, c'est-à-dire dans la carrure des épaules, à l'exclusion des traits et de l'expression.

Celles-là aimeront également un cuirassier, un maquignon ou chasseur.

En un mot, tous les masques et toutes les encolures qui représentent la force.

Pour les autres, la beauté des hommes sera toute entière dans la matité du visage, dans la douceur de la figure, dans la régularité des traits, dans la somnolence des yeux, dans la maigreur du corps ; pour pour celles-là enfin, les hommes beaux sont les hommes efféminés et représentant la faiblesse.

Pour nous, la beauté de l'homme, s'il est permis de dire toutefois qu'il y ait des hommes beaux, la beauté de l'homme dirons-nous, gît tout entière dans son œil, ses cheveux et sa bouche.

Un homme est toujours beau quand il a l'œil lumineux, les cheveux bien plantés, la bouche ferme, souriante et bien meublée.

La beauté de l'homme, enfin, nous paraît, avant tout, consister dans l'expression de beauté qui nous semble absolue chez l'homme.

Ce sont ces conditions qui nous ont fait dire de Pétrus qu'il était beau garçon.

Au reste, si le lecteur veut se faire une idée exacte de celui que nous essayons de faire poser sous ses yeux, qu'il se souvienne de ce merveilleux portrait de Van Dick peint par lui-même; et si l'on ne se souvient pas de ce beau portrait, qu'on regarde, chez tous les marchands des quais et des boulevarts, la gravure faite d'après lui.

Un jour, Jean Robert, en passant sur le quai Malaquais, avait aperçu cette gravure derrière une vitre; il avait été tellement frappé de la ressemblance de l'élève de Rubens avec Pétrus, qu'il était entré immédiatement dans ce magasin pour y acheter, non pas cettté gravure de Van Dick, mais le portrait de son ami.

Il l'avait attaché dans l'atelier de Pétrus

et la ressemblance de l'auteur de Charles Ier avec le jeune homme était telle, que sur dix bourgeois qui venaient faire faire leurs portraits à l'huile, ou celui de leurs femmes ou de leurs filles au pastel, neuf s'imaginaient que Pétrus se moquait d'eux, lorsqu'il leur disait que cette gravure était faite, non point à sa ressemblance à lui, mais à celle d'un peintre mort depuis cent quatre-vingts ans.

C'était la même coupe de visage, les mêmes cheveux relevés sur le front en une seule masse, fauves et bouclés, l'enfoncement de l'œil était le même, la même moustache retroussée et la même royale ombrageant fièrement la même bouche et le même menton. Pétrus, enfin, c'était un Van Dick vivant, mâle et hautain, intelligent et bon.

Quiconque fût entré dans son atelier, ayant été à Gênes, se fut souvenu involontairement des magnifiques tableaux du Palais-Rouge, et eût cherché des yeux cette adorable marquise de Brignole, dont on retrouve à chaque pas, dans ce beau Palais, le portrait peint et signé par le peintre flamand.

Si, en regardant Pétrus avec son col rabattu, son justaucorps de velours serré autour de sa taille par une cordelière de soie, assis rêveur au fond de son atelier, et frisant de sa belle main fine et blanche comme une main de prêtre ou de femme, sa moustache fauve, on eût cherché la compagne idéale de ce beau jeune homme; sa ressemblance avec le peintre d'Anvers était si grande qu'on ne lui eût souhaité d'autre amie que cette belle marquise de Brignole immortalisée par le suave pinceau de Van Dick.

Et nulle autre, en effet, ne lui eût mieux convenu, car certainement ce n'était pour voler ni vers une grisette ni vers une bourgoise que l'âme qui rayonnait dans les yeux de Pétrus avait reçu ses ailes, et l'on comprenait que la descendante de toute une race de princes pût seule dire à ce fier et beau jeune homme :

— Incline-toi devant moi, je suis ta souveraine.

C'était, en effet, la fille de toute une race de princes qui avait troublé le cœur de Pétrus.

Disons en quelques mots comment la chose était arrivée.

Dans cette rue déserte aujourd'hui, mais plus déserte encore il y a vingt-six ans, qu'on appelle la rue de l'Ouest, et où était situé son atelier, il avait vu un jour, en rentrant chez lui, s'arrêter une voiture armoriée de si grande façon, que, quoiqu'elle n'eut fait d'abord que passer devant lui, il en avait reconnu le blason, qui était d'argent à la tête de More au naturel surmontée d'une couronne princière, avec cette devise : *Adsit fortior*, VIENNE UN PLUS VAILLANT.

Cette voiture, comme nous l'avons dit, s'était arrêtée à sa porte.

La voiture arrêtée, le domestique à la livrée bleue et argent qui était derrière, était descendu et avait ouvert la portière à une jeune et charmante femme, à la démarche et à la tournure aristocratiques.

Après cette jeune dame ou cette jeune fille, qui pouvait avoir dix-neuf ou vingt ans, était descendue, s'appuyant au bras du laquais, une vieille dame d'une soixantaine d'années environ.

La jeune femme regarda au-dessus de la porte de la maison devant laquelle la voiture était arrêtée, et, n'ayant pas vu ce qu'elle cherchait, elle se retourna vers le cocher et lui demanda :

—Êtes-vous sûr que ce soit ici le numéro quatre-vingt-douze ?

— Oui, princesse, répondit le cocher.

C'était le numéro de Pétrus.

Une fois que le jeune homme vit les deux dames entrées, il traversa la rue, et au moment où il allait entrer à son tour, il entendit la plus jeune des dames demander à la concierge :

— C'est bien ici que demeure M. Pétrus Herbel, n'est-ce pas?

Herbel était le nom de famille de Pétrus.

— Ce à quoi la concierge, toute émerveillée des belles fourrures dans lesquelles les deux dames étaient enveloppées, répondit :

— C'est bien ici, oui, madame, mais il n'est pas chez lui pour le moment.

— Et à quelle heure le trouve-t-on? reprit la même personne.

— Le matin jusqu'à midi ou une heure, le concierge reprit. Mais au reste, le voici, ajouta-t-elle en apercevant le jeune homme qui venait de rentrer, et dont la tête dépassait celle des deux femmes.

Toutes deux se retournèrent en même temps, et à leur tour virent le jeune homme qui, se découvrant aussitôt, s'inclina respectueusement.

— C'est vous qui êtes monsieur Pétrus Herbel, artiste peintre, demanda assez impertinemment la vieille dame.

— Oui, madame, répondit froidement Pétrus.

— Nous venons pour un portrait, monsieur, demanda la même dame, toujours avec le même ton, vous convient-il de le faire?

— C'est mon état, madame, répondit, toujours avec une grande politesse, mais plus froidement que la première fois, Pétrus.

— Eh bien, quand voulez-vous le commencer, sera-ce long, vous faut-il beaucoup de séances? Répondez vite, nous sommes gelées.

La jeune dame, qui n'avait pas dit un mot jusque-là, s'apercevant de l'impertinence de sa compagne, et remarquant la patience respectueuse de Pétrus, s'approcha de lui et prenant la parole à son tour :

— C'est vous, monsieur, qui êtes l'auteur d'un portrait qui était à la dernière exposition, sous le numéro trois cent neuf.

— Oui, mademoiselle, répondit Pétrus, tout ému à la fois de la beauté de cette personne et de la douceur de sa voix.

— Si je ne m'abuse, monsieur, c'était votre propre portrait, n'est-ce pas? continua la jeune dame.

— Oui, mademoiselle, dit en rougissant Pétrus.

— Eh bien, monsieur, je désirerais un portrait de moi fait de cette manière; celui-là était d'un ton qui m'a ravie. J'ai déjà huit ou dix portraits de moi, que ma mère ou ma tante ont fait faire, mais aucun ne me contente. Voulez-vous, ajouta-t-elle en souriant, tenter à votre tour de satisfaire une personne fort capricieuse et fort difficile?

— J'y tâcherai, mademoiselle, et ce sera un grand honneur pour moi.

— Un honneur, interrompit la vieille

dame, et pourquoi cela sera-t-il un honneur pour vous?

— Parce qu'il ne devait être donné qu'à une célébrité, dit Pétrus en s'inclinant, de faire le portrait d'une personne de la beauté et du rang de mademoiselle de Lamothe-Houdon.

— Ah! vous nous connaissez? grommela la vieille dame.

— Je connais du moins le nom de mademoiselle, répondit Pétrus.

— Je vous ai dit, monsieur, que j'étais

capricieuse et difficile; j'ai oublié de vous dire que j'étais curieuse.

Pétrus s'inclina en homme prêt à satisfaire la curiosité de sa belle visiteuse.

— Comment savez-vous mon nom? continua celle-ci.

— Je l'ai lu sur les panneaux de votre voiture, répondit Pétrus en souriant.

— Ah! les armes de ma famille, vous vous connaissez en blason, alors?

— Ne suis-je pas appelé à en faire usage

tous les jours, et un peintre d'histoire peut-il ignorer que, depuis la prise de Constantinople jusqu'à la prise de Berg-op-Zoom, l'écusson des Lamothe-Houdon a rayonné sur tous les champs de bataille, sans rencontrer ce que cherche sa devise.

Ce brevet de vaillance et de noblesse jeté brusquement à sa face, avec une si complète courtoisie toutefois, fit rougir jusqu'au blanc des yeux l'héritière des Lamothe-Houdon.

La vieille dame elle-même fut contrainte de regarder le jeune homme avec une bienveillance dont elle n'avait pas fait preuve jusque-là.

— Eh bien, monsieur, dit-elle alors avec une bonne grâce que l'on n'était point en droit d'attendre de son impertinente personne, puisque vous savez le nom de ma nièce, il ne nous reste plus qu'à vous demander votre heure et à vous donner notre adresse.

— Mon heure sera la vôtre, madame, répondit le jeune homme avec une déférence qui commandait une courtoisie pareille, et quant à l'adresse de la princesse de Lamothe-Houdon, il n'est permis à personne d'ignorer que son hôtel est situé rue Plumet, en face de l'hôtel Montmorin, près de l'hôtel du comte Abrial.

— Eh bien, monsieur, répondit la jeune

fille en rougissant pour la seconde fois, demain à midi, si vous voulez bien.

— Demain, à midi, je serai à vos ordres mesdames, répondit Pétrus en s'inclinant profondément.

Les deux dames remontèrent en voiture et Pétrus rentra dans son atelier.

Nous avons dit que Pétrus était loyal, et cependant il avait fait à mademoiselle de Lamothe-Houdon un des plus gros mensonges qu'un homme pût faire.

Pétrus avait prétendu que personne ne

devait ignorer l'adresse d'un Lamothe-Houdon, et, cependant, deux mois auparavant il l'ignorait encore, et un hasard seul la lui avait apprise.

Peu de Parisiens, excepté les Parisiens de la rive gauche, connaissent cette partie du boulevart extérieur qui va de la barrière de Grenelle à la barrière de la Gare, et qui enceint toute la rive gauche au sud, comme de la gare à Grenelle, la Seine l'enceint au nord. Ces boulevarts, ou plutôt cette promenade de quatorze à quinze mille mètres de longueur, est plantée de quatre rangs d'arbres qui forment deux contre-allées ; elle est tapissée de gazon d'un bout à l'autre de la route, et pour quiconque a souhaité d'aller méditer seul ou rêver à deux dans les allées ombreuses d'un parc, c'est une promenade charmante que celle des boulevarts du midi.

Quelques-unes de ces femmes qui ne montrent jamais leurs visages dans les promenades publiques, dans les spectacles, dans les concerts, quelques-unes de ces femmes qui, poussant la retraite jusqu'à la claustration, ne sortent jamais que pour aller à l'église; quelques-unes de ces femmes, disons-nous, rassurées par la solitude de cette ombreuse Thébaïde, venaient à cette époque, par les soirs d'été, faire un tour en calèche, et le jeune homme studieux qui commentait son code en se promenant sous les grands ormes était émerveillé de voir passer sur la route, comme les ombres vaporeuses des grandes dames d'autrefois, les belles et souriantes jeunes femmes du faubourg Saint-Germain.

Entr'autres jeunes et belles femmes, mais non joyeuses et souriantes, passait, en été, dans une calèche découverte, en hiver dans une calèche fermée, la jeune femme que dans ce livre nous avons déjà vue apparaître deux fois.

La première fois au lit de mort de Carmélite.

La seconde fois, il n'y a qu'un instant,

dans la maison de Pétrus, mademoiselle Régina de Lamothe-Houdon, fille du maréchal Bernard de Lamothe-Houdon.

La première fois que Pétrus la vit, c'était six mois à peu près avant l'époque où nous sommes arrivés, vers la fin d'un beau jour d'été.

Pétrus était tout seul au milieu de la route que forment les quatre rangées d'arbres du boulevart, il regardait à l'horizon du côté des Invalides l'effet d'un soleil couchant ; tout à coup, au bout de la route, comme si deux des chevaux du char du soleil venaient de se détacher au milieu d'une poussière d'or, il vit venir à lui deux cavaliers qui semblaient lutter de vitesse.

Pétrus s'écarta pour les laisser passer, mais ils ne passèrent pas si rapidement que le jeune homme ne pût distinguer leurs visages.

Quand nous disons deux cavaliers, nous aurions dû dire un cavalier et une amazone.

L'amazone était une grande jeune fille taillée sur le patron de la Diane chasseresse, vêtue d'un costume de cheval de foulard écru, et coiffée du chapeau gris de vant lequel retombait un voile vert. — Elle avait dans son allure, dans sa tournure, dans son visage, un peu de cette Diana Vernon que Walter Scott venait de créer et de livrer à notre admiration, et beaucoup de cette adorable Edmée que madame Sand avait peut-être déjà vue passer à l'état de fantôme dans les brumes de la Vallée-Noire.

La fière façon dont cette jeune fille était campée sur son cheval, noir de crins, blanc d'écume, la rude énergie avec laquelle elle dirigeait sa marche et domptait ses caprices, indiquait déjà une écuyère de première force et la conversation qu'elle soutenait avec son compagnon, malgré le galop du cheval, prouvait qu'elle avait autant de sangfroid que d'habileté.

Son compagnon était un vieillard de soixante à soixante-cinq ans, de belle mine de grand tournure, vêtu d'un habit de cheval vert, d'une culotte blanche et de bottes à la française; il était coiffé d'un grand feutre noir au-dessous duquel flottaient, blancs comme s'ils eussent été poudrés, des cheveux qui avaient conservé quelque chose de la coupe du Directoire. Il était inutile de voir le ruban de plusieurs couleurs noué à la boutonnière de ce cavalier, pour savoir à quelle classe de la société il appartenait; en outre, ses sourcils épais, ses rudes moustaches dont les pointes retombaient au-dessous de son menton, l'expression un peu dure de tout son visage, révélaient chez cet homme l'habitude du commandement, et il suffisait de le voir passer pour comprendre que l'on venait de rencontrer une des illustrations militaires de l'époque.

Pour Pétrus, le passage rapide du vieillard et de la jeune fille fut comme une vision, et si une demi-heure après ils ne fussent revenus sur leurs pas et n'eussent reparu de nouveau devant lui, il eût cru voir passer une belle châtelaine du moyen-âge se rendant rapidement au castel de famille, accompagnée de son père ou de quelque vieux paladin.

Pétrus rentra chez lui et voulut se mettre au travail, mais le travail est une maîtresse jalouse, qui se retire quand vous venez à elle le front chaud des baisers d'une rivale.

La rivale du travail de Pétrus, c'était sa rencontre, sa vision, son rêve. Vainement il prit sa palette, vainement, debout devant son chevalet, il essaya de conduire son pinceau sur la toile, l'ombre de l'amazone planait au-dessus de lui, écartait sa main, caressait son front.

Cependant, après une heure de lutte contre le beau fantôme, il se mit à l'œuvre.

On eût pu le croire vainqueur ; il était vaincu.

Le sujet ébauché que devait réprésenter la toile était un cavalier croisé, blessé, mourant, couché sur le sable, et secouru par une jeune fille arabe.

Tandis que des esclaves noirs qui s'étonnaient qu'au lieu de l'achever on vint en aide à un chien d'infidèle, soulevaient la tête du mourant, la jeune fille au second plan allait, dans le casque du chevalier, puiser de l'eau à une fontaine ombragée par trois palmiers.

Ce tableau, au moment où Pétrus était

rentré de sa promenade, lui avait paru
l'allégorie précise de sa vie. N'était-il pas,
en effet, ce chevalier blessé, dans ce rude
combat de l'existence où tout artiste est un
croisé accomplissant un long et dange-
reux pèlerinage à la Jérusalem de l'art, et
cette amazone qu'il avait rencontrée n'é-
tait-elle pas cette bienheureuse fée qu'on
appelle l'espérance, sortant de sa grotte
liquide chaque fois que le travail dépasse
les forces, et faisant tomber goutte à goutte,
comme la Vénus Aphrodite, du bout de ses
cheveux tordus, la rosée qui rafraîchit le
voyageur?

Ce symbole idéal, qui souriait à son
imagination, lui parut si frappant, qu'il

résolut d'en faire le symbole de sa vie, et prenant son couteau à gratter, en un instant il effaça les deux têtes de la jeune Arabe et du croisé, et substitua son visage à celui du chevalier et celui de l'Amazone au visage de la jeune fille.

Voici dans quelles conditions il s'était remis au travail. Nous avions donc raison de dire qu'au lieu d'être vainqueur, il était vaincu.

A partir de ce moment, il fut quatre mois sans revoir la belle amazone, et, disons mieux, sans chercher à la revoir. Mais par le même hasard qui la lui avait fait rencontrer une première fois, un jour du mois de janvier 1827, par une matinée de neige éclatante, il la rencontra de nouveau dans une calèche fermée, sur les boulevarts déserts.

Cette fois, elle était vêtue de noir et accompagnée d'une vieille dame qui semblait dormir au fond de la calèche.

La voiture allait du boulevart des Invalides jusqu'à l'allée de l'Observatoire; puis elle revenait de l'allée de l'Observatoire au boulevart des Invalides, recommençant incessamment le même manége.

Enfin elle disparut à l'angle de la rue Plumet.

Pétrus comprit que c'était dans cette rue que demeurait son idéalité. Un matin, il s'enveloppa jusqu'au menton dans un grand manteau et alla se blottir sous le portail d'une des maisons de la rue Plumet, attendant le retour de la voiture qu'il venait de voir passer.

Vers une heure de l'après-midi, la voiture rentra dans l'hôtel dont Pétrus, au commencement de ce chapitre, avait avec tant de précision établi le gisement. Notre moderne Van Dick avait donc, comme on le voit, fait un gros mensonge en disant que tout le monde devait savoir l'adresse des Lamothe-Houdon, puisqu'un mois auparavant lui-même ne la savait pas.

Il est inutile de parler de la joie que causa au jeune homme la visite de cette fée qu'il n'avait jusqu'alors connue, comprise et presqu'admirée qu'à l'état de vapeur, et il est probable que si la vieille dame qui l'accompagnait eût été sourde et aveugle, Pétrus fût monté chez lui et eût descendu à la jeune princesse, non-seulement le portrait qu'elle désirait, mais vingt autres portraits encore, car depuis six mois, le jeune peintre avait malgré lui donné à toutes les femmes les traits charmants, quoiqu'un peu altiers, de Régina.

VII

Vieille histoire toujours nouvelle.

Pétrus, de retour dans son atelier, regarda avec joie d'abord, avec dégoût ensuite, les diverses toiles où de souvenir il avait peint la fille du maréchal de Lamothe-Houdon.

En effet, au bout de dix minutes d'examen, ces portraits lui semblaient si fort au-dessous du modèle, qu'il fut tout près d'en faire un auto-da-fé. Par bonheur, l'arrivée de Jean Robert le détourna de cette résolution.

Jean Robert était trop bon observateur pour ne pas voir qu'il se passait quelque chose de nouveau et d'extraordinaire dans la vie de son ami ; mais c'était un garçon fort discret que Jean Robert, qui ne hasarda qu'un pied sur le terrain de la curiosité, et qui, sentant de la résistance, fit immédiatement un pas de retraite.

Les jeunes gens, les jeunes gens distingués du moins, parlent rarement entre eux de leurs maîtresses, de leurs amours, et même de leurs simples liaisons; tout cœur délicat aime l'ombre et le mystère, et introduit difficilement même un ami intime dans le tabernacle de ses affections.

Jean Robert resta le temps qu'il crut nécessaire pour donner à sa visite une autre apparence que celle d'une entrée et d'une sortie, puis il inventa un prétexte et laissa Pétrus jouir solitairement de ses émotion.

Quelles étaient ces émotions? C'est ce

que Jean Robert ignorait, mais peu lui importait ; il avait deviné au sourire de son ami, à ses yeux demi voilés, à sa silencieuse distraction, que ces émotions étaient douces.

Pétrus, demeuré seul, passa une de ces adorables journées dont l'homme à son déclin ne retrouve pas, sans frissonner de joie, le vivifiant souvenir.

A partir de ce jour, le rêve caressé par tout artiste, par tout jeune cœur hors du courant vulgaire, l'amour d'une femme dont le front porte la triple couronne de la beauté, de la grandeur et de la jeunesse, ce rêve se réalisa pour lui.

Toutes les princesses de ses songes venaient de prendre une forme et de s'incarner pour lui, de s'incarner en une seule femme.

Il fermait les yeux, et il la voyait descendre de sa voiture dans un nuage de dentelles, de velours et d'hermine.

Il passa toute la soirée devant son piano. Comme tous les peintres, Pétrus adorait la musique.

Sa main eût été inhabile à formuler sur la toile une seule de ses décevantes émotions. La musique seule, avec sa voix enchantée, ses vibrations qui naissent au ciel et se répandent sur la terre, la musique seule pouvait répondre aux appels passionnés du jeune homme.

Ce ne fut que bien avant dans la nuit qu'il se décida à se coucher et qu'il s'endormit.

Nous nous trompons en disant qu'il s'endormit. Il veilla les yeux fermés jusqu'au moment où le jour arriva.

Il veilla, — c'était bien le mot, — car

une voix ne cessa de murmurer à son cœur
et à son oreille le nom de Régina.

Il sortit de chez lui dès neuf heures du
matin, bien que le rendez-vous ne fût que
pour midi; mais il lui eût été impossible
de demeurer en place, et il passa les trois
heures qui le séparaient de l'heure indi-
quée à se promener devant l'hôtel du maréchal.

L'hôtel de Lamothe-Houdon, situé rue
Plumet, aujourd'hui rue Oudinot, se com-
posait d'un grand corps de bâtiment situé
entre cour et jardin, et au fond de ce jar-

din, dans un endroit qui semblait une oasis à mille lieues de Paris, d'un pavillon formant une salle à manger, un salon et un boudoir enfermés dans une serre gigantesque qui faisait à cette gracieuse succursale du principal corps de logis une muraille de fleurs.

A l'extérieur, la clôture, à part les soubassements de la construction, était de vitres, et à travers ces vitres on apercevait, comme au Jardin-des-Plantes de Paris, comme au Jardin botanique de Bruxelles, comme dans les serres du célèbre horticulteur Van Haet, mille plantes exotiques dont les feuilles larges ou effilées, mais toutes d'une forme inconnue au nord et à l'occident, jetaient sur ce petit coin une couleur tropicale des plus pittoresques.

Ce pavillon, entouré d'arbres de tous côtés, était visible cependant sur une de ses faces.

C'était la face du sud; une éclaircie ménagée entre les hauts marronniers et les tilleuls touffus permettait de la distinguer à travers la grille de clôture.

C'est dans le boudoir de ce pavillon, dans ce jardin à ciel de verre, moitié atelier, moitié serre, car les plus belles œuvres de l'art comme les plus rares produits de là terre s'y trouvaient réunis, que Régina attendait Pétrus, non pas avec une impatience égale à celle du jeune homme, mais du moins, il faut l'avouer, avec une certaine curiosité.

Il y avait dans le tempérament aristocratique de la jeune fille une appréciation rapide de toute supériorité ; supérieure elle-même, elle avait aux premiers mots senti qu'elle heurtait dans Pétrus un homme supérieur.

Le jeune homme arriva à l'heure dite, ni une minute avant, ni une minute après ;

il était dans les strictes conditions de cette exactitude que Louis XIV appelait la politesse des rois.

En mettant le pied dans cette corbeille de l'Archipel indien, Pétrus fut saisi d'un frisson de plaisir et d'admiration.

Vu du seuil de la porte, c'était en effet un spectacle ravissant pour un artiste comme l'était Pétrus que celui qui se déroulait sous ses yeux.

Le rêve de la plus riche imagination

n'eût pas été plus loin que cette abondante réalité.

Il semblait que, dans les embrassements sublimes d'un céleste amour, l'art et la nature eussent enfanté leurs plus beaux chefs-d'œuvre.

Là étaient toutes les merveilles de l'art.

Là étaient toutes les richesses du sol.

Là étaient toutes les fougères gigantesques de l'Amérique du Sud; — deux amants

en marbre blanc s'embrassaient chaste-
ment, comme l'Amour et la Psyché de
Canova.

Là, sous des bosquets de ravenalas et
de palmiers, fuyaient des naïades écheve-
lées de Clodion.

C'étaient vingt terres cuites des maîtres
du dix-septième et du dix-huitième siècle,
de Bouchardon, de Coisevox, mélangeant
leurs teintes rougeâtres avec le bronze
florentin des maîtres du seizième.

C'étaient toutes les rosacées de l'Europe

sous les magnolias de l'Amérique du Nord, les Grâces de Germain Pilon, les Nymphes de Jean Goujon, les Amours de Jean de Bologne, ce grand maître que l'Italie nous a volé et ne veut pas nous rendre, quoique depuis trois cents ans son ombre réclame le titre de Français.

C'étaient, enfin, cent chefs-d'œuvre de terre, de pierre, de bois, de marbre, de bronze, disposés harmonieusement dans cette forêt vierge en fleurs, où toutes les contrées offraient un échantillon de leurs végétations particulières et caractéristiques, depuis les calcéolaires et les passiflores de l'Amérique du Sud, depuis les camélias, les hortensias, les palmiers, les arbres à thé, jusqu'aux lotus bleus, blancs et roses, jusqu'aux palmiers doux, jusqu'aux dattiers de l'Afrique; depuis les sensitives, les figuiers, les fougères en arbres de Madagascar, jusqu'aux encalyptus, jusqu'aux mimosas de l'Océanie.

C'était, en un mot, une mappemonde en fleurs.

Régina semblait la déesse protectrice, la fée toute puissante de ce monde merveilleux.

Pétrus hésitait à entrer, même après

que le valet l'eût annoncé, et Régina fut obligée de lui dire en souriant :

— Mais entrez donc, monsieur.

— Je vous demande pardon, madame, dit Pétrus ; mais, sur la porte du paradis, il est permis aux pauvres mortels d'hésiter.

Régina se leva et fit passer Pétrus au salon transformé en atelier ; au milieu du salon était dressé un chevalet supportant une toile assez haute et assez large pour y esquisser un portrait de grandeur naturelle.

Sur un pliant étaient une boîte à couleurs et une palette.

Le jour était ménagé par une main savante, et Pétrus n'eut presque rien à changer à la disposition des stores.

— Veuillez, mademoiselle, dit Pétrus, avoir la bonté de vous asseoir où vous voudrez, et de prendre la pose qui vous paraîtra la plus simple et la meilleure.

Régina s'assit, et tout naturellement prit une pose pleine de morbidesse et de grâce.

Pétrus prit un fusin, et, avec une sûreté

de main étrange, il esquissa l'ensemble du portrait.

Arrivé aux détails et voyant que le visage de Régina allait manquer de cette animation de la bouche et des yeux qui fait la ressemblance :

— Mon Dieu, mademoiselle, dit Pétrus, voulez-vous permettre que nous causions un peu de ce que vous voudrez, de botanique, de géographie, d'histoire ou de musique pendant cette première séance. Je vous avoue que, quoique amoureux de la couleur, j'appartiens entièrement à l'école des peintres idéalistes. Si je rêvais quelque chose, si j'avais une espérance, ce serait de marier le sentiment de Scheffer à la couleur de Decamps; il me paraît donc impossible de faire un bon portrait devant un visage immobile. J'entends par immobile un visage que la causerie n'anime point. Les personnes qui font faire leurs portraits donnent d'habitude, grâce au silence qu'elles gardent involontairement, ou qu'un peintre inhabile ou timide leur fait garder, un air contraint, qui fait dire aux amis :

— Oh ! ce n'est pas cela ; c'est beaucoup trop grave... ou c'est beaucoup trop vieux.

Et la faute retombe sur le pauvre peintre, tandis que l'on devrait songer que le peintre ne connaissant pas son modèle, au lieu de lui donner son expression habituelle, lui a donné l'expression du moment.

— Vous avez raison, répondit Régina, qui avait écouté cette longue thèse exposée par Pétrus sans prétention aucune, et tout en esquissant les accessoires du tableau ; et si, pour faire de moi un bon portrait, il vous suffit de voir mon visage animé par la causerie qui m'est la plus habituelle et la plus chère, je vous prie d'allonger la main et de sonner.

Pétrus sonna.

Le laquais qui l'avait introduit, et qui se tenait invisible, mais à la disposition du premier appel, entra.

— Faites venir Abeille, dit Régina.

Cinq minutes après, une enfant de dix à onze ans entra, ou plutôt bondit de la porte aux pieds de Régina.

Pétrus, impressionnable comme un artiste, et subissant l'influence irrésistible de la beauté sur certaines organisations, jeta un cri.

— Oh! l'adorable enfant! dit-il.

L'enfant qui venait d'entrer, et que sa sœur avait évoquée sous le nom caractéristique d'Abeille, était en effet une charmante petite fille, à la figure transparente comme une feuille de rose, aux cheveux d'un blond ardent, bouclés tout autour de la tête comme une touffe de boutons d'or; à la taille si mince, qu'elle semblait, comme celle d'une abeille, toute prête à se briser.

Son front ruisselait de sueur, bien que l'on fût à la fin du mois de janvier.

— Tu m'as appelée, ma sœur? demanda-t-elle.

— Oui, où étais-tu donc? dit Régina.

— Dans la salle d'armes, à faire assaut avec papa.

Un sourire passa sur les lèvres de Pétrus. Ce mot faire assaut lui semblait le dernier qui dût sortir des lèvres de cette enfant.

— Bon, mon père te faisait encore faire des armes!... En vérité, mon père est encore plus enfant que toi, Abeille, et je ne vous aimerai plus ni l'un ni l'autre, si vous ne voulez pas m'obéir.

— Mais, mon père dit toujours, Régina, que tu n'es devenue si grande et si belle que parce que tu as fait des armes; et comme je veux devenir aussi grande et aussi belle que toi, je lui dis toujours : Papa, fais-moi faire des armes !

— Oui, et lui qui ne demande pas mieux. Tiens ! te voilà tout en nage, tout essoufflée ; je me fâcherai, Abeille. Comprenez-vous, monsieur, qu'une grande demoiselle de onze ans passe sa vie à faire des armes comme un écolier de Salamanque ou un étudiant d'Heidelberg.

— Sans compter que lorsque le printemps va revenir, je monterai à cheval.

— Cela, c'est autre chose.

— Oui, mais papa a dit que cette année il t'achèterait à toi un autre cheval, et qu'à moi, il me donnerait Lemio.

— Oh! par exemple, si le maréchal fait cela, je le déclare parfaitement fou... Imaginez-vous, monsieur, que Lemio est un cheval que personne n'ose monter.

— Excepté toi, Régina, qui lui fais sauter des fossés de six pieds de large, et des barrières de trois pieds de haut.

— Parce qu'il me connaît.

— Eh bien, il me connaîtra à mon tour; et s'il ne veut pas me connaître, je lui dirai tant de fois, à coups de cravache : Je suis la sœur de Régina et la fille du maréchal de Lamothe-Houdon, qu'il finira par comprendre.

— Lemio, mademoiselle, dit Pétrus, en se hâtant de profiter de l'animation de Régina pour esquisser sa tête, n'est-ce point un cheval noir à longs crins, de race arabe, croisé anglais.

— Oui, monsieur, dit Régina, mon cheval serait-il assez noble aussi pour avoir un blason?

— Il vient d'un pays, mademoiselle, où les chiens et les faucons ont leur généalogie. Pourquoi n'aurait-il pas la sienne?

— Ah! dit la petite Abeille à demi voix, c'est monsieur qui fait ton portrait?

— Oui, répondit Régina du même ton.

— Est-ce qu'il ne fera pas le mien aussi?

— Je ne demande pas mieux, mademoiselle, dit en souriant Pétrus; et surtout, posée comme vous êtes en ce moment.

La jeune fille était à moitié couchée, les coudes sur les genoux de sa sœur. Sa tête, pleine d'animation et d'intelligence, reposant entre ses deux mains, tandis que Régina lui caressait le visage avec une fleur de réséda.

— Tu entends, ma sœur, dit Abeille, monsieur ne demande pas mieux que de faire mon portrait.

— Oh! dit Régina, il y mettra bien quelques conditions.

— Lesquelles? dit Abeille.

— Mais que vous serez sage, mademoiselle, et que vous obéirez à votre sœur.

— Bon! dit Abeille, je connais mes commandements de Dieu par cœur; ils disent:

Tes père et mère honoreras,

mais ils ne disent pas :

Tes frère et sœur honoreras,

je veux bien aimer Régina de tout mon cœur, mais je ne veux pas lui obéir; je ne veux obéir qu'à mon père.

— Je crois bien, dit Régina, il fait tout ce que tu veux.

— Mais je ne lui obéirais pas, sans cela, dit en riant la petite Abeille.

— Allons, Abeille, dit Régina, tu te fais

plus méchante que tu n'es ; mets-toi là bien sagement près de moi, et raconte-nous une histoire.

Puis, se retournant vers Pétrus :

— Imaginez-vous, monsieur, continua-t-elle, que quand je suis triste, ce qui m'arrive souvent, cette enfant vient près de moi et me dit :

— Tu es triste, ma sœur Régina ? Eh bien, je vais te raconter une histoire.

Et alors, en effet, elle me conte des histoires qu'elle prend je ne sais où, dans sa tête folle certainement; mais des histoires qui parfois me font mourir de rire. Voyons, Abeille, une histoire.

— Je veux bien, ma sœur, dit l'enfant, regardant Pétrus comme si elle eût voulu lui dire : Écoutez celle-ci, monsieur le peintre.

Pétrus écouta, tout en avançant énormément l'esquisse de la tête de Régina, qui, rendue au mouvement et à la simplicité de la vie habituelle, prenait une expression ravissante.

La petite fille commença.

VIII

La princesse Carita.
CONTE DE FÉES.

Abeille commença, avons-nous dit dans le chapitre précédent.

— Il était une fois une princesse douée d'une vertu extraordinaire et d'une incomparable beauté.

Elle était née à Bagdad, et vivait sous le règne du khalife Haroun-al-Raschid, dont elle était très proche parente.

Son père, un des plus illustres généraux de l'armée du khalife, voyant sa fille grandir et le nombre des guerres diminuer, offrit sa démission au khalife, afin de consacrer tout son temps à l'éducation de Zuleyma.

Zuleyma est un mot persan qui veut dire reine.

Loin de refuser sa démission, le khalife

l'accepta, et malgré le chagrin qu'il eut de se séparer d'un si brave militaire, il approuva son dessein, et lui offrit pour l'éducation de Régina — pardon, petite sœur, je veux dire Zuleyma — et lui offrit pour l'éducation de Zuleyma les mêmes maîtres qui avaient formé l'éducation de sa propre fille.

Le général se retira de la cour, où il avait eu son logis jusque-là, et alla habiter un beau palais qu'il possédait dans un des faubourgs de la ville, entouré, comme la rue Plumet, par une ceinture de jardins en fleurs.

C'est là, qu'au milieu d'une serre pareille à celle-ci, venaient les maîtres de danse, les maîtres de dessin, les maîtres de chant, les maîtres de botanique, les maîtres d'histoire, les maîtres d'astronomie, de philosophie même, car le général voulait que l'esprit de la princesse fût orné de toutes les sciences connues à cette époque, et l'on peut dire sans la flatter qu'elle avait si bien profité des leçons de ses maîtres, qu'à dix-huit ans elle était d'une vertu, d'un esprit et d'une beauté accomplis.

— Abeille, interrompit Régina, ton histoire n'est pas amusante le moins du monde, conte-nous en une autre.

— Il est possible qu'elle ne soit pas

amusante, dit Abeille, mais elle a le mérite d'être vraie, et la vérité est le principal mérite d'une histoire; n'est-ce pas, monsieur le peintre? continua la jeune fille en s'adressant à Pétrus.

— Je suis de cet avis, mademoiselle, dit l'artiste, voyant qu'Abeille allait faire allusion à quelques traits de la vie de Régina; aussi oserai-je supplier bien humblement mademoiselle votre sœur de vous permettre de continuer.

Les joues de Régina devinrent du rouge des camélias qui s'épanouissaient au-dessus de sa tête.

— Et si je continue, demanda Abeille, que me donnerez-vous ?

— Je vous donnerai votre portrait, mademoiselle.

— Vraiment ! s'écria Abeille toute joyeuse, et en frappant ses petites mains l'une contre l'autre.

— Parole d'honneur !

Abeille se retourna vers sa sœur, en étendant ses deux bras d'une façon qui signifiait :

— Tu vois, Régina, qu'il n'y a pas moyen de faire autrement.

Régina ne répondit point, mais elle recula lentement son fauteuil à trois pas en arrière, comme si elle eût voulu chercher, pour cacher sa rougeur, l'ombrage des arbres de cette forêt de salon.

Abeille voyant que si Régina ne donnait point son consentement, elle ne le refusait pas non plus d'une façon bien déterminée, reprit son récit en disant pour toute transition :

— J'en étais à la beauté accomplie de la

princesse; mais passons là-dessus, puisque papa dit que la beauté périt, mais que la bonté reste.

C'est que la bonté de la princesse Zuleyma était vraiment étonnante. Toutes les mères de Bagdad, quand elle passait dans les rues, la montraient du doigt à leurs enfants en disant :

— Voilà la plus belle et la plus charitable princesse qui ait jamais été et qui jamais sera.

Il en résulta que peu à peu elle acquit

dans son quartier une si grande célébrité, qu'on ne la prit plus simplement pour une femme comme les autres, mais pour une véritable fée qui opérait des miracles partout où elle passait, consolant celui-ci et guérissant celui-là, rendant les méchants bons, les bons meilleurs.

Or, il arriva qu'un jour un petit Savoyard de ce pays-là, qui gagnait sa vie en faisant danser une marmotte, pleurait à la porte de son palais, parce que, n'ayant pas gagné un seul sou dans la journée, il n'osait point rentrer chez lui, de peur d'être battu par son maître.

La princesse vit par la fenêtre les larmes

du petit garçon, descendit vivement et lui demanda ce qu'il avait.

Aussitôt que le petit Savoyard l'aperçut, il comprit que sa recette était faite, et il sauta de bonheur en disant :

— La fée ! ah ! voilà la fée !

Puis, lui demandant l'aumône dans le langage de son pays, il lui répéta plusieurs fois : Carita, carita, principessa, carita ; de sorte que plusieurs personnes qui avaient entendu le petit garçon, ne sachant de la princesse que son nom mortel de Zuleyma, qui veut dire reine, l'appelèrent d'un nom bien autrement beau, c'est-à-dire la fée Carita, ce qui veut dire la fée Charité.

Régina interrompit pour la seconde fois Abeille.

— Mais comprenez-vous, monsieur, dit-elle, où cette enfant va prendre toutes ces histoires ?

— Oui, princesse, dit Pétrus avec un sourire, oui, je le comprends parfaitement, et son imagination m'étonne moins que vous, attendu que je crois tout simplement que son imagination n'est que de la mémoire.

Le lecteur comprend à son tour que les joues de Régina s'empourprèrent de plus en plus sous le regard et à la réponse de Pétrus.

Mais la petite Scheherazade, sans faire attention ni aux regards de l'un ni à la rougeur de l'autre, continua.

— Enfin, monsieur le peintre, je n'entreprendrai pas de raconter toutes les belles et bonnes actions qui prouvent que la fée Carita était bien digne de son nom. Je n'en veux raconter qu'une seule, et ma sœur Carita — non, Zuleyma — non, Régina, je me trompe toujours, et ma sœur Régina, qui sait mieux les contes de fées que moi, attendu qu'elle est plus grande, et qu'elle a bien plus d'esprit, pourra vous dire, monsieur, si j'y ai changé un seul mot.

Je vous ai dit que le palais de la princesse était entouré de jardins en fleur et de promenades qui faisaient tout le tour de la ville de Bagdad, comme les boulevarts font tout le tour de Paris.

Tous les jours d'été, la princesse allait

se promener à cheval avec son père dans les allées de ces belles promenades; et quiconque les voyait passer tous deux ne pouvait s'empêcher de les remarquer.

— C'est vrai, dit Pétrus en regardant la petite fille, et en la remerciant du regard.

— Ah! tu vois, ma sœur, dit-elle, monsieur dit que c'est vrai.

Eh bien, continua-t-elle en revenant à son histoire, un jour, dans une de ses promenades, la fée Carita aperçut dans un fossé une petite fille de douze à treize ans, qui, pâle, maigre, les cheveux déroulés et épars sur les épaules, tremblait de tous ses membres, bien qu'il fît, ce jour-là, une grande chaleur et qu'elle fût en plein soleil.

Elle avait autour d'elle quatre ou cinq petits chiens qui la léchaient, qui la caressaient; et, sur sa petite épaule nue, une corneille qui battait des ailes. Mais ni la corneille, ni les chiens ne parvenaient à distraire la petite fille, et elle ne paraissait pas, tant elle souffrait, faire plus d'attention à eux qu'aux oiseaux qui chantaient au-dessus de sa tête, ou aux cigales qui chantaient autour d'elle. Non, elle grelottait depuis les épaules jusqu'à la pointe des pieds, et ses petites dents claquaient les unes contre les autres, comme si l'on eût été en plein hiver ; et remarquez bien qu'on était seulement au mois d'août de l'année dernière.

Ah ! que dis-je donc là ! s'écria l'enfant.

Pétrus sourit.

— En effet, dit Régina, tu vois bien que tu bats la campagne, petite fille ; tu parles du khalife Haroun-al-Raschid et de l'année dernière ; tu dis que les événements se passent à Bagdad, et tu mets en scène un petit Savoyard ; tu n'es pas en verve aujourd'hui, Abeille, laisse donc là ta fée Carita, une autre fois, tu seras plus heureuse.

— Faut-il m'arrêter, monsieur le peintre? demanda Abeille à Pétrus, et êtes-vous de l'avis de ma sœur?

— Oh! nullement, mademoiselle, dit Pétrus ; et je tiens, moi, l'histoire pour très intéressante ; si intéressante, que je la devine à mesure que vous la racontez. J'ai déjà fini, moins la tête, la petite fille qui grelotte, et je commence à esquisser la princesse Carita.

— Oh! montrez-moi cela, dit la petite fille, se levant vivement des pieds de Régina où elle était assise, et s'approchant de Pétrus.

— Non, non, fit Pétrus en cachant son papier; les dessins sont comme les contes, ils ont besoin d'être finis pour être compris; finissez votre conte, mademoiselle, je vais finir mon dessin.

— Où en étais-je? demanda Abeille.

— Vous en étiez au mois d'août de l'année dernière, mademoiselle, dit Pétrus.

— Oh! que vous êtes méchant de me reprocher cela, monsieur le peintre, fit la petite Abeille, avec sa plus gentille moue, je me suis trompée en disant l'année dernière, voilà tout. Ce ne pouvait pas être l'année dernière, puisque la chose se passe sous le khalife Haroun-al-Raschid, et que tout le monde sait qu'Haroun-al-Raschid, cinquième khalife des Abassides, est mort vers l'année 814, ou quinze ans avant Charlemagne, là.

Et, après cette orgueilleuse citation, la jeune fille reprit :

— J'ai voulu dire qu'il faisait vers ce temps-là à Bagdad une chaleur pareille à la chaleur qu'il fait ici au mois d'août sur les boulevarts extérieurs, près de la barrière Fontainebleau, par exemple, — c'est une simple comparaison.

Or, il était étonnant que cette petite fille grelottât, tandis qu'on ne pouvait pas tenir au soleil, tant il était chaud. C'est ce que remarqua très bien la fée Carita.

La fée Carita demanda en conséquence à son père la permission de descendre de cheval, afin de demander à la petite fille si elle n'était point malade.

A peine eut-elle adressé la parole à la pauvre enfant, que celle-ci abaissa sur elle ses grands yeux qui étaient tournés vers le ciel.

— Pourquoi, lui demanda la princesse de sa voix la plus douce, pourquoi trembles-tu ainsi, mon enfant, est-ce que tu es malade?

— Oui, madame la fée, répondit la petite, qui devina tout d'abord que la princesse était fée.

— Et qu'as-tu?

— J'ai la fièvre, à ce qu'on dit.

— Et comment, ayant la fièvre, n'es-tu pas dans ton lit? demanda la fée.

— Parce que les chiens étaient encore plus malades que moi, à ce qu'il paraît, et que l'on m'a envoyée les promener.

— Ce n'est point ta mère qui t'a envoyée promener des chiens, dit la fée ; ta mère ne t'eût point permis de sortir frissonnante comme tu es.

— Ce n'est point ma mère, en effet, madame la fée.

— Où est ta mère ?

— Je n'en ai plus.

— Et qui t'en tient lieu, pauvre enfant?

— La Brocante.

— Qu'est-ce que la Brocante?

La petite fille hésita un instant; la fée répéta la question.

— Une chiffonnière qui m'a élevée, répondit la petite fille.

— Tu n'as donc aucun parent?

— Je suis seule au monde.

— Comment, pas de mère, pas de père, pas de frère ?

La petite fille se mit non plus à grelotter, mais à trembler.

— Non, non, non, dit-elle, pas de frère ! pas de frère !

— Pauvre petite, dit tristement la princesse, et comment t'appelles-tu ?

— Je m'appelle Rose-de-Noël.

— En effet, mon enfant, dit la fée, tu as

bien les couleurs maladives de la fleur dont tu portes le nom.

La petite fille fit un mouvement d'épaules qui signifiait :

— Que voulez-vous ?

— Où demeures-tu ? demanda la fée.

— Oh ! madame la fée, dans une des plus sales et des plus vilaines rues de Bagdad.

— Est-ce bien loin d'ici ?

— Non, madame la fée, à dix minutes de chemin à peu près.

— Eh bien, je vais te ramener chez toi, et dire que l'on te mette au lit, veux-tu ?

— Je veux tout ce que vous voudrez, madame la fée.

La petite fille essaya de se lever, mais elle retomba dans le fossé, tant elle était faible.

— Attends, dit la fée, je vais te prendre dans mes bras.

Et la princesse enleva la petite fille, qui était si faible et si chétive, qu'elle n'était pas plus lourde que ma grande poupée.

Elle la porta à son père, qui la prit, la posa sur l'arçon de sa selle, et l'on se mit en route.

Rose-de-Noël sur l'arçon de papa... Bon! voilà que je me trompe encore. Rose-de-Noël sur l'arçon du papa de la fée, et la fée à cheval, tenant, elle, deux des petits chiens qui n'eussent pas pu suivre.

Les trois autres chiens étaient grands et trottaient derrière les chevaux.

La corneille volait au-dessus de la tête de Rose-de-Noël, qui n'avait, pour que l'oiseau ne s'éloignât point, qu'à dire de temps en temps :

— Pharès ! Pharès ! Pharès !

On arriva bientôt dans une rue noire en plein jour, comme si l'on eût été en pleine nuit; et, quoique mon papa dise que le soleil luit pour tout le monde, il n'a certainement jamais lui pour les malheureux qui végètent dans cette rue.

— Là, dit la petite en arrêtant la bride du cheval, c'est ici la porte.

La porte du chenil où sont les chiens de mon papa est bien certainement plus propre que la porte de cette maison-là. Il fallait se baisser pour entrer, comme lorsqu'on passe sous la porte d'une cave ; il fallait marcher à tâtons pour trouver l'escalier.

Un petit garçon qui était à la porte, et que Rose-de-Noël appelait Babolin, offrit de garder les chevaux, et la princesse et son père arrivèrent enfin au haut de l'escalier où demeurait la Brocante.

IX

Suite de l'histoire de la princesse Carita.

Autant la princesse était jeune et jolie continua la petite conteuse, autant la Brocante était vieille et laide.

Il n'était pas difficile de deviner au premier coup d'œil lequel des deux était le bon génie.

La princesse avait à la première vue l'air d'une fée.

La Brocante faisait tout de suite l'effet d'une sorcière.

Et elle était bien sorcière réellement, à en juger par une grande marmite de fer, posant sur un trépied, et dans laquelle bouillaient des herbes magiques ; par la grande baguette de coudrier qui était fixée dans le plancher, au milieu d'un jeu de cartes traversé de grandes épingles noires ; et enfin par le balai qu'elle tenait à la main, et sur lequel elle s'appuya étonnée, en voyant entrer le général portant Rose-de-Noël, et la fée Carita portant les deux petits chiens.

Nous ne parlerons pas des trois autres chiens et de la corneille, qui faisaient cortége.

La fée Carita commença par poser les deux petits chiens à terre, et s'adressant à la sorcière :

— Madame, dit-elle, nous vous ramenons cette petite qui tremblait la fièvre sur le boulevart. Cette enfant est malade, il faudrait la coucher et la couvrir bien chaudement.

La Brocante voulait répondre; mais les chiens faisaient un tel tapage, qu'elle fut obligée de les faire taire en les menaçant de son balai.

— C'est elle qui a voulu aller se promener, dit-elle à la princesse en la regardant de travers, sans doute parce qu'elle reconnaissait en elle une bonne fée; elle n'en fait jamais d'autres, et par ainsi elle se rend malade.

— C'est une enfant, dit la fée, et il ne fallait pas l'écouter. Mais n'allez-vous point la coucher? je cherche son lit et ne le vois point.

— Bon! son lit! dit la sorcière.

—Sans doute; n'avez-vous pas une autre chambre? demanda la fée.

— Croyez-vous donc que ce grenier soit un palais? répondit en grommelant la sorcière.

— Eh! là-bas, bonne femme, dit le général, répondez sur un autre ton, je vous prie, ou je vais envoyer chercher un commissaire, qui vous demandera où vous avez volé cet enfant.

— Oh! non, oh! non, s'écria la petite, je veux rester avec la Brocante.

— Je ne l'ai point volée, répondit la Brocante.

— Allons, dit le général, ne vas-tu pas essayer de nous faire accroire que cette petite fille est à toi?

— Je ne dis pas cela, répondit la sorcière.

— Alors, si elle n'est pas à toi, tu vois bien que tu l'as volée.

— Je ne l'ai pas volée, monsieur, je l'ai trouvée, et je l'ai recueillie comme mon enfant propre, et je n'ai pas fait de différence entre elle et Babolin.

— Eh bien, alors, demanda la fée, pourquoi n'est-ce point Babolin que tu as envoyé promener les chiens, et n'est-ce pas elle qui est restée ici?

— Parce que Babolin ne veut rien faire de ce qu'on lui commande, tandis que Rose-de-Noël obéit avant qu'on ait fini de commander.

Soit, dit le général; mais quand on

recueille les enfants, ce n'est pas pour les faire mourir de la fièvre. Où couchez-vous cette enfant?

— Ici, dit la sorcière en montrant un enfoncement du toit, dans lequel Rose-de-Noël avait établi son domicile.

La fée plongea son regard dans la petite chambre séparée du reste du grenier par un rideau, et elle vit un petit réduit assez propre.

Seulement, elle n'avait qu'un matelas.

La fée toucha le matelas, et trouva la couche un peu dure.

— En vérité, dit la princesse, j'ai honte d'être si douillettement couchée, en songeant que cette pauvre petite n'a qu'un matelas.

— Elle aura un lit de plume et des couvertures, et de jolis draps fins, dit le général ; je vais vous envoyer tout cela, bonne femme, et de plus un médecin. En attendant, tenez-la le plus chaudement possible, et envoyez chercher une garde-malade ; voilà de l'argent pour la payer et acheter des médicaments ; si demain le médecin me dit qu'elle n'est pas bien soignée, je vous la ferai reprendre par le commissaire.

La sorcière se précipita sur l'enfant et la serra contre sa poitrine.

— Oh! non, dit-elle, soyez tranquille, si Rose-de-Noël n'est pas soignée comme une princesse, c'est l'argent qui manque, voilà tout.

— Adieu, Rosette, dit la princesse en allant à Rose-de-Noël et en l'embrassant; sois tranquille, je reviendrai te voir.

— Bien sûr, madame la fée? demanda l'enfant.

— Bien sûr, ma petite, répondit la princesse ; ce qui fit que les joues de l'enfant devinrent roses de plaisir, ce qui fit dire par Carita à son père : Voyez donc comme elle est jolie !

Elle était bien jolie, en effet, allez, monsieur Pétrus, et c'est d'elle qu'on ferait un beau portrait.

— Vous l'avez donc vue, mademoiselle ? demanda Pétrus en riant.

— Certainement, dit Abeille.

Puis se reprenant

— C'est-à-dire que j'ai vu son portrait dans mon livre de contes ; elle avait le costume du petit Chaperon rouge.

— Vous me le montrerez, n'est-ce pas, mademoiselle ?

— Je n'y manquerai pas, monsieur, répondit gravement la petite fille.

Puis elle continua :

— La fée et son papa remontèrent à cheval, et une demi-heure après ils envoyaient à la pauvre Rose-de-Noël tout ce qu'ils lui avaient promis.

Puis ils firent mettre les chevaux à la voiture et coururent jusque chez le médecin, qui demeurait au cœur de la ville. Le médecin partit devant eux, et la fée et son père rentrèrent dans leur palais, la fée enchantée d'avoir un si bon papa, le papa enchanté d'avoir une si bonne fille.

Le médecin avait promis de venir le soir donner des nouvelles de la petite Rose-de-Noël.

Il tint parole et vint le soir même, en effet.

La nouvelle qu'il avait à annoncer était

triste, la pauvre petite était menacée d'une grosse maladie, ce qui mit la princesse au désespoir.

Aussi, le lendemain matin, partit-elle en voiture avec son père, de sorte qu'avant neuf heures ils étaient tous deux chez la Brocante.

Le médecin y était déjà depuis plus d'une heure; il avait l'air fort inquiet, et il y avait bien de quoi, vous en conviendrez, quand vous saurez que Rose-de-Noël avait une fièvre cérébrale.

La pauvre petite avait le délire et ne reconnaissait plus personne, ni la Brocante qui l'avait recueillie, ni Babolin, son petit camarade, qui pleurait de chagrin au pied du lit, ni la corneille qui se tenait sans bouger au chevet, et qui avait l'air de comprendre que sa petite maîtresse était malade; ni les chiens, qui n'avaient pas aboyé comme la veille, quand le général et la princesse étaient entrés.

C'était une vue des plus tristes, et la fée détourna les yeux de la petite malade pour les essuyer.

Ce n'était cependant pas la maladie de la petite qui effrayait le médecin, il répondait de la sauver si elle consentait à boire les tisanes qu'on lui présentait ; mais, de sa petite main chétive et brûlante, elle repoussait tout ce qu'on voulait lui faire prendre. On avait beau lui dire :

— Bois, petite, cela te guérira.

Cela était bien inutile, elle ne comprenait pas ce qu'on lui disait.

Puis, de temps en temps elle se levait sur son lit comme pour fuir, et elle s'écriait :

— Oh ! ma bonne madame Gérard, oh !

ma bonne madame Gérard, ne me tuez pas! A moi, Brésil! à moi, Brésil! et elle retombait comme morte avec un gros soupir.

Le médecin disait que c'était sa fièvre qui lui faisait voir des fantômes; mais sa figure exprimait une telle épouvante, que l'on eût juré que ces fantômes elle les voyait.

La potion que lui présentait le médecin devait calmer la fièvre, et, en calmant la fièvre, faire disparaître ce vilain cauchemar.

Aussi, tout le monde essaya-t-il de lui faire prendre la potion ; le médecin, la garde-malade, la Brocante, Babolin, et même un commissionnaire qui était là, et qu'elle aimait beaucoup quand elle avait sa raison.

La Brocante essaya de lui faire boire une cuillerée de la potion par force ; mais la petite fille, avec ses bras grêles, était plus vigoureuse que la sorcière.

— Si elle ne boit pas cette potion par cuillerées, dit tristement le médecin, elle sera morte avant demain soir.

— Que faire, docteur? demanda alors la princesse.

— Je ne sais, en vérité, répondit le médecin.

— Docteur, docteur! dit la princesse en pleurant, employez toute votre science, je vous en supplie, pour sauver la pauvre enfant. Il me semble que si j'étais aussi savante que vous, je trouverais bien un moyen de la sauver, moi.

— Hélas! princesse, dit le docteur en secouant la tête, la science est impuissante en pareil cas ; que votre bon cœur vous inspire donc, quant à moi, je ne puis que m'humilier devant la résistance invincible de cette enfant.

En ce moment le commissionnaire s'avança les larmes aux yeux, promit à la petite malade, poupées, joujoux, bergeries, belles robes, perles à faire des colliers ; mais tout fut inutile. On eût dit que Rose-de-Noël était sourde, elle ne bougeait pas ; de sorte que le pauvre jeune homme désolé, après avoir essayé de lui faire reconnaître sa voix par tous les moyens possibles, se retira le cœur serré dans un coin de la chambre.

Un père n'eût point paru plus désolé devant le cadavre de sa fille.

Le petit Babolin était bien chagrin aussi, et il contait à la petite toutes les histoires pour rire qu'il avait l'habitude de lui conter; mais elle ne lui répondait pas, aussi insensible à ses paroles, à ses baisers, à ses prières, que la sensitive qui est là-bas, quand l'heure de son sommeil est arrivée et qu'elle a croisé ses bras.

Cependant le temps se passait, et la petite fille ne buvait pas la potion.

Que faire? Tout le monde avait essayé, et tout le monde avait échoué.

Alors ce fut au tour de la princesse à venir s'installer au chevet du lit, à prendre sa tête et à l'embrasser tendrement ; et quand je l'appelle la princesse, je me trompe encore, c'est la fée qu'il faut dire, car ce fut véritablement par une puissance au-dessus de toutes les puissances de la terre, que la petite fille, qui avait les yeux fermés depuis le matin, les ouvrit tout à coup et s'écria avec un accent joyeux :

— Oh ! je vous reconnais, vous ; vous êtes la fée Carita !

Les yeux de tous ceux qui étaient là se mouillèrent de larmes, mais de larmes de bonheur, bien entendu.

La jeune fille venait de prononcer les seuls mots de raison qu'elle eût dits depuis la veille.

Chacun voulait se précipiter et embrasser Rose-de-Noël; mais le médecin étendit les bras, sans prononcer un seul mot, de peur que la voix humaine n'éteignît tout à coup cette étincelle de raison que la voix divine venait d'allumer en elle.

— Oui, ma chère petite, dit bien doucement et bien lentement la princesse, oui, c'est moi.

— Carita, Carita, répéta la petite d'une

voix encore plus douce, de sorte que ce joli nom de Carita, qui dans toutes les bouches n'était qu'un nom plus charmant que les autres, était dans la sienne quelque chose comme un saint cantique, comme une suave chanson.

— M'aimes-tu bien, Rosette? demanda la princesse.

— Oh! oui, madame la fée, répondit l'enfant.

— Alors, tu écouteras bien tout ce que je vais te dire.

— Je vous écoute.

— Eh bien, alors, bois ceci, dit la fée en présentant à la petite fille une cuillerée de la potion que le médecin venait de lui passer par derrière.

La petite malade ne répondit même pas, elle ouvrit la bouche, et Carita lui fit avaler une cuillerée de la potion qui seule pouvait la sauver.

— Si elle boit ainsi pendant vingt-quatre heures, je réponds d'elle, dit le médecin.

Malheureusement, mademoiselle, je crains bien, dit-il, qu'elle ne repousse tout ce qui lui sera donné d'une autre main que la vôtre.

— Mais, dit la bonne fée, je compte bien, avec la permission de mon père, veiller Rose-de-Noël jusqu'à ce qu'elle soit hors de danger.

— Ma fille, dit le général, il y a des permissions qu'on ne demande pas à son père, car lui demander ces permissions, c'est supposer qu'il puisse les refuser.

— Merci, mon bon père, dit la fée en embrassant le général.

— Mademoiselle, dit le médecin, vous êtes l'ange de la bonté.

— Je suis la fille de mon père, monsieur, répondit simplement la fée.

Tout le monde, excepté la Brocante, la garde-malade et la fée Carita se retira sur l'ordre du médecin, et le général emmena avec lui Babolin, qui rapporta à la princesse tout ce qui lui était nécessaire pour passer la nuit près de Rose-de-Noël.

Elle resta quatre jours et quatre nuits

dans cette vilaine chambre, ne prenant de repos que d'heure en heure, quand la petite avait avalé sa cuillerée de potion.

Bien plus, à partir du moment où elle fut là, elle ne permit plus à la garde-malade, dont la figure répugnait à Rosette, de s'approcher de son lit; en conséquence, ce fut elle qui lui mit les cataplasmes, les sinapismes, les compresses d'eau glacée au front; ce fut elle qui la changea de linge, qui la nettoya, qui la peigna, qui la tint éveillée par ses baisers, qui l'endormit par ses chansons.

Enfin, au bout de quatre jours, la fièvre

diminua, et le médecin déclara qu'elle était sauvée.

Il força donc la princesse de retourner chez elle, sous peine de tomber malade à son tour.

Ce qu'entendant Rose-de-Noël, elle s'écria :

— Oh! princesse Carita, retourne vite chez ton père, car si tu tombais malade pour m'avoir sauvée, je mourrais de chagrin de te savoir malade.

Et la princesse, après l'avoir embrassée mille fois, s'en alla, lui laissant sur son lit un grand carton tout plein de lingerie et d'étoffes éclatantes comme les aimait Rose-de-Noël.

A partir de ce moment, Rose-de-Noël alla de mieux en mieux; et si quelqu'un doutait de la vérité de ce conte, celui-là n'aurait qu'à s'en aller rue Triperet, n° 11, demander à la Brocante et à Rose-de-Noël l'histoire de la fée Carita.

Le conte était fini.

Abeille chercha des yeux les yeux de

Pétrus, mais il avait élevé, comme un rempart entre lui et la petite conteuse, une grande feuille de papier gris.

La petite fille se retourna vers sa sœur, mais Régina avait, pour cacher son embarras, abaissé devant son visage une grande feuille de bananier.

Abeille, étonnée de l'effet qu'elle avait produit, et ne se rendant pas compte du pudique secret qui faisait, à chacun d'eux, chercher un voile pour son visage, Abeille demanda :

— Eh bien, qu'y a-t-il donc ? Jouons-nous à cache-cache ? quant à moi, mon conte est fini. Votre portrait l'est-il, monsieur le peintre ?

— Oui, mademoiselle, répondit Pétrus en tendant à Abeille la feuille de papier gris.

La petite se précipita sur le dessin, et y ayant jeté un rapide coup d'œil, elle poussa un cri de joie en reconnaissant son portrait, et, courant à Régina :

— Oh! regarde le beau dessin, ma sœur, dit-elle.

Et, en effet, c'était un beau, un merveilleux dessin aux trois couleurs, improvisé pendant le récit de la petite fille, et qui était venu aussi vite que la parole.

Au fond, on voyait le boulevart, près la barrière Fontainebleau, qu'on reconnaissait à l'horizon.

Au premier plan, au milieu de ses chiens qui la léchaient, sa corneille posée sur son épaule nue, était assise, maigre, pâle, échevelée et grelottante, Rose-de Noël, ou plutôt une petite fille qui avait quelque ressemblance avec elle, car la misère et la maladie ont cela de triste, qu'elles impriment la même marque sur tous les visages.

Devant la jeune fille était Régina, habillée en amazone, comme le premier jour où Pétrus l'avait vue passer.

Au second plan était, à cheval, le général de La Mothe-Houdon, tenant par la bride le beau cheval noir que Régina gouvernait si magistralement.

Enfin, au même plan que sa sœur, derrière un orme et dressée sur la pointe des pieds, Abeille, curieuse et craintive à la fois, cherchait à voir, sans être vue, ce qui se passait sous ses yeux.

Ce dessin, enlevé et fait de chic, selon l'expression pittoresque des rapins, était une merveilleuse traduction du conte de fée d'Abeille.

Régina regarda longtemps le dessin, et tandis qu'elle le regardait, l'expression de sa figure indiquait l'étonnement le plus profond.

En effet, quel était donc ce jeune homme qui devinait à la fois et l'expression mélancolique et maladive du visage de Rose-de-Noël, et le costume d'amazone dont, ce jour-là, elle était vêtue, elle, Régina?

Elle fit mille conjectures, mais sans jamais arriver à la vérité.

Puis enfin, ce fut sur le ton de l'admiration la plus complète qu'elle dit à la petite fille :

— Abeille, tu me demandais l'autre jour, au Louvre, de te montrer un dessin d'un grand maître ; eh bien ! regarde celui-là, mon enfant, car véritablement c'en est un.

Pétrus rougit d'orgueil et de plaisir.

Cette première séance fut charmante, et Pétrus, après avoir pris rendez-vous pour le surlendemain, sortit de l'hôtel, enivré de la beauté et de la bonté de la princesse Carita.

FIN DU HUITIÈME VOLUME.

Fontainebleau, imp. de E. Jacquin.

Le Neuf de Pique, *par la comtesse Dash*. . .	6 v.
Le dernier Chapitre, *par la même*. . . .	4 vol.
Camille, *par Roger de Beauvoir*.	2 vol.
Le Veau d'Or, *par Frédéric Soulié*. . . .	10 vol.
Les Parvenus, *par Paul Féval*.	3 vol.
Le Tueur de Tigres, *par le même*. . . .	3 vol.
Le Capitaine Simon, *par le même*	2 vol.
La Sœur des Fantômes, *par le même*. . .	3 vol.
La Fée des Grèves, *par le même*. . . .	3 vol.
Les Belles de Nuit, *par le même*.	8 vol.
Deux Trahisons, *par Auguste Maquet*. . .	2 vol.
Le Docteur Servans, *par Alexandre Dumas, fils*.	2 vol.
Tristan-le-Roux, *par le même*.	3 vol.
Césarine, *par le même*.	1 vol.
Aventures de quatre Femmes, *par le même*.	6 vol.
Les Drames de Provinces, *par André Thomas*.	4 vol.
Les Ouvriers de Paris, *par le même*. . .	4 vol.
Deux Marguerite, *par madame Charles Reybaud*.	2 vol.
Hélène, *par la même*.	2 vol.
Les Iles de Glace, *par G. de La Landelle* .	4 vol.
Une Haine à Bord, *par le même*.	2 vol.
Le Morne-aux-Serpents, *par le même*. . .	2 vol.
Falcar le Rouge, *par le même*.	5 vol.
Piquillo Alliaga, *par Eugène Scribe*. . .	11 vol.

Fontainebleau, Imp. de E. Jacquin

www.ingramcontent.com/pod-product-compliance
Lightning Source LLC
Chambersburg PA
CBHW071255160426
43196CB00009B/1293